CB072153

Mundo Paralelo

A História da Criança que Vive Além da Morte

Neide Maganha

Mundo Paralelo

A História da Criança que Vive Além da Morte

MADRAS®
Espírita

Editor:
Wagner Veneziani Costa

Produção e Capa:
Equipe Técnica Madras

Ilustração da capa:
Parvati

Revisão:
Wilson Ryoji
Sandra Garcia

ISBN 85-7374-444-8

MADRAS EDITORA LTDA.
Rua Paulo Gonçalves, 88 — Santana
02403-020 — São Paulo — SP
Caixa Postal 12299 — CEP 02098-970 — SP
Tel.: (0_ _11) 6959.1127 — Fax: (0_ _11) 6959.3090
www.madras.com.br

ÍNDICE

Apresentação

O que eu poderia falar de um menino de 5 anos

Que era alegre, cheio de vida, transbordava beleza? Que amava a vida, os animais, sentia extrema compaixão dos pobres? Para mim, nós, as criaturas humanas, enquanto pequenas, mantemos estes sentimentos dentro de nossos corações. Ainda somos incapazes de praticar algum mal, de vivermos a vida de outra forma, que não esta.

Quando me senti grávida, um estranho sentimento se apoderou de minha alma. Não saberia explicar, mas esta felicidade, da qual já ouvi outras mães falarem, eu não senti. Medo, incerteza, talvez. Nunca havia pensado nisto. A vida de casada era uma grande novidade na década de 70 para uma jovem como eu.

Enquanto minha barriga crescia, orgulhosamente era exibida; afinal, eu era a primeira a casar e ter filho entre minhas amigas mais próximas. E então chegou o grande dia. Durante aquela madrugada eu tremi de medo quando vi minha mãe e minha sogra rezarem o terço sem parar. Pensei: Nossa vai ser um horror!

Hoje percebo que não foi assim, depois de cólicas suportáveis, tive apenas contrações bem mais fortes, senti que perdia as forças, mas elas trouxeram meu filho ao mundo. Não me lembro de ter chorado, mas aquele menininho chorão comoveu meu coração, e depois adormeci muito cansada.

Quando me restabeleci e o vi realmente, aí sim chorei, mas sei perfeitamente que não foram lágrimas de alegria; eu sabia que algo não daria certo, dentre tantos planos feitos ali mesmo, naquela maternidade. Eu sentia que ele não era meu.

Os primeiros cuidados foram me envolvendo afetivamente com meu bebê. Ele era lindo. Todos olhavam para ele quando saíamos pelas ruas para passear, e isso continuou acontecendo durante toda a sua vida.

Estranhamente, vou ser franca, a convivência com aquele menininho tão querido por todos me incomodava.

Com o passar do tempo, aquela sensação de completa incerteza, acerca de algo desconhecido, ficava mais e mais forte.

Eu amava meu filho. Achava-o lindo, inteligente. E ficava muito orgulhosa por ele sempre ser o centro das atenções, onde quer que estivesse, e passamos cinco anos juntos, cheios de expectativas e fazendo muitos planos. Enquanto eu falava com ele a respeito de se tornar um grande médico, meu coração se desmanchava em lágrimas e minha alma me avisava que aquilo tudo não seria possível.

Durante aqueles cinco anos, eu lutei muito contra esses pressentimentos e procurei todos os caminhos religiosos para que o medo se afastasse de mim, pois, apesar de tudo ser muito positivo na época, a certeza de que ele não viveria muito tempo era cada vez mais forte. Rezei bastante e pedia constantemente para que nada de ruim acontecesse. Ele era forte e grande para sua idade. Parecia um indiozinho: um rosto moreno e bem feito, um cabelo liso cortado como "tigelinha" e um sorriso maroto.

Passeávamos muito pela cidade. Tomávamos um ônibus, íamos até o ponto final, depois pegávamos outro e fazíamos a mesma coisa — era tudo o que eu podia oferecer naquela época, mas, para ele, aqueles passeios eram o máximo. Corríamos na chuva e apertávamos a campainha de tantas casas! Ríamos, chorávamos, dormíamos de mãos dadas... Foram momentos que jamais esquecerei.

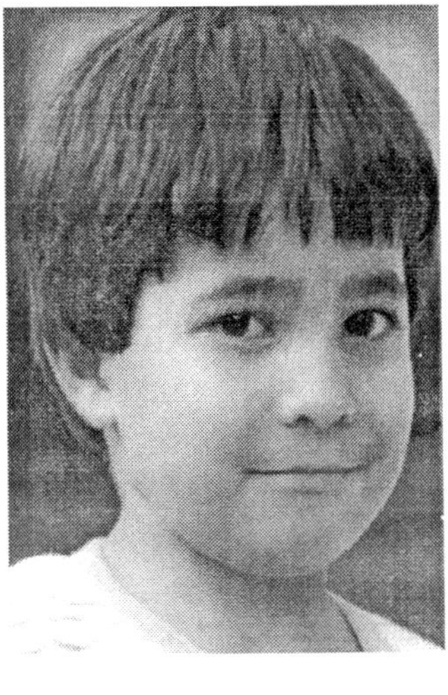

Eu sei que não fui uma mãe perfeita e muitas vezes não tive tempo para ele, atarefada que estava, correndo atrás de coisas e possibilidades que, eu deveria imaginar, não teriam tanta importância.

Ah, Willian! Se eu soubesse que meus pressentimentos eram reais, que não eram fantasias tenebrosas da minha imaginação, teria feito tudo tão diferente.

Teria ficado todos os minutos juntinho de você. Somente sorriria, e jamais teria chorado perto de você, só para não vê-lo triste. Ou para que não conhecesse esse sentimento. Teria sido mais compreensiva e compartilharia de suas brincadeiras. Não brigaria por você só gostar de comer doces e macarrão. E por não gostar de escrever e sim somente de desenhar.

Lembro-me de quando fez aquele desenho estranho e, como eu jamais poderia adivinhar do que se tratava, você explicou:

— Mãe, não está vendo que é uma baleia se bronzeando na praia? E aquilo é seu guarda-sol. Aquilo é o sol. As estrelas estão aqui para iluminar o céu quando o sol for embora.

Tudo poderia ter sido tão diferente. Você bem que tentou avisar. Mas eu estava ocupada demais com a vida para perceber.

Naqueles dias que antecederam sua partida, você acordava dizendo sobre seus sonhos. Lembro-me de sua expressão de paz e felicidade, enquanto descrevia lugares e situações desconhecidos para mim.

Quem seria aquela pessoa que você descrevia com detalhes, sua forma física e sua exótica aparência? Ela sempre estava presente em sua vida. Aqui e nesses lugares apenas conhecidos por você.

Em uma determinada noite, acordei durante um sono agitado e pude ver este ser bem perto de nós. Era um homem alto e magro. Tinha vestes brancas e transparentes. Usava barba e longos cabelos grisalhos. No peito posso me lembrar que tinha um colar, com contas grandes e uma cruz. Fiquei acordada e anos mais tarde fiquei sabendo que ele não tinha sido visto apenas por mim. Parece que acompanha nossa família há muito tempo. Mas como explicar que experiências assim até são comuns?

O desconhecido é tido como loucura, temos semelhantes processos de iniciação, mas compreendemos diferentemente. É difícil o entendimento, principalmente durante a dor a que às vezes somos submetidos.

Você não parecia muito interessado na vida, estava aéreo às vezes. Mas se encantava com a natureza, como se ela fosse a principal razão para permanecer aqui.

O mar, o verde, os pássaros, a chuva. Tudo isso era real. As cores pareciam ser mais vivas. E eu achava que você era um sonhador. Hoje sei que não era. As crianças são assim mesmo. Podem recordar como viviam antes de ingressar neste mundo de Deus, e quando estão em total sintonia (o que é freqüente, mesmo vivendo em total estado de angústia) elas enxergam, vivem e integram-se com tudo o que é belo e verdadeiro. É a própria natureza.

Fico pensando: se nada disso tivesse acontecido, como você estaria hoje? Já teria 22 anos, seria um homem feito... Imagino seu jeito, seu sorriso. Mas, não consigo visualizar completamente. Assim como antes, meus pensamentos ficam embaralhados a certa altura.

No dia de sua partida, senti um enorme vazio assim que entrou naquele carro. Você acenando para mim, é uma imagem que freqüentemente ainda visualizo. Entrei em casa com uma sensação de perda, de tristeza. Quase o chamei de volta, mas o carro já virava a esquina. O desconforto ficou acentuado. E em total silêncio permaneci enquanto mecanicamente fazia minha lida diária.

Quando estamos para deixar de conviver com alguém, nosso espírito sente total inércia, perdemos nossas forças.

Na noite seguinte, depois de jantar em um restaurante, já na rua, indo para casa, senti uma enorme tristeza e comecei a chorar, sem saber que você despencava de uma janela, no décimo segundo andar. Bem distante. E eu havia insistido para que você fosse para a praia com seus avós paternos. Senti que fora o momento de sua morte física quando tive o seu atestado de óbito em minhas mãos.

Lembro-me de que naquela noite, depois desse repentino choro sem motivo aparente, dormi muito, um sono muito pesado e sem imagem alguma. Apenas um descanso para meu corpo e espírito.

Na manhã seguinte fui avisada de que você havia morrido. Achei graça e a coisa mais absurda. Não acreditei inicialmente. Era engano. Meu filho? Aquele menininho? Não era possível. Não era justo.

Por instantes, senti que perdia as forças e caía em um profundo abismo. Depois, meu corpo ficou completamente fora de controle. Eu não conseguia pensar, entender, chorar. A sensação era de loucura e desespero.

Até cair na realidade, fiquei perdida em sentimentos estranhos, pois aquilo não pode ser chamado de tristeza: é bem mais forte, bem mais louco. Eu não seria capaz de descrever o que é esta perda na vida de uma mãe. Só quem passa por isso sabe do que estou falando. Não existe médico nem remédio que possam controlar este turbilhão de sentimentos. Até para Deus deve ser complicado, por isso Ele envia espíritos mais elevados do que nós para nos assistir continuamente e permite que nossos filhos fiquem perto de nós.

Durante horas, fiquei nesse estado de inércia, enquanto as pessoas chegavam para lamentar o acontecido. Aquilo tudo parecia um pesadelo. Pareceu-me não fazer parte daquela história. Meu filho estava no meu colo, eu podia sentir. Uma claridade estranha chegava perto de mim e eu podia sentir seus bracinhos me envolvendo.

Para uma mãe que perde seu filho, qualquer atitude é interpretada sob o aspecto psicológico, e quando falei que ele estava no meu colo, todos me olharam com profunda tristeza e me deram calmante. Pensaram que eu havia enlouquecido.

Depois disso, não falei mais nada do que acontecia ou do que sentia.

Vê-lo em um caixãozinho branco foi terrível. Como aquele menininho, que dormia ao meu lado de mãos dadas, poderia agora ficar ali sozinho? Mesmo que suas feições, tão ou mais bonitas do que quando ainda estava vivo, mostrassem paz e felicidade, eu me perguntava: que loucura era aquela? Durante aquela noite e dia intermináveis, fiquei junto de você, segurando suas mãozinhas ainda quentes, querendo tirá-lo dali, ao menor descuido dos meus familiares.

No cemitério, eu andava sem saber onde estava. Ouvi os sinos da capela local enquanto você era deixado ali, sozinho. E quando a noite chegasse? E o frio? E a chuva? Eu que tinha tantos cuidados, para que não adoecesse, para que não sentisse medo. Era terrível pensar que ficaria ali sozinho, em meus pensamentos; minha dor era o de menos, mas, e você? Não podia aceitar de forma alguma.

Voltei para casa e nada mais era como antes. Que solidão. Que enorme vazio ficou naquela casa outrora cheia de vida. Doei seus brinquedos, roupas e livros com tantas figuras de animais. Não podia suportar ver aquilo tudo. Eu tentava reagir àquela inércia, mas não conseguia, pois minha alma estava em profundo momento de introspecção. Sabe-se lá o que acontecia nesse outro lugar para onde fora levado.

E naqueles dias uma revolta tomou conta do meu ser consciente. Que Deus era aquele que permitira que meu pequeno filho tivesse uma morte tão absurda e violenta? Para que eu rezara tanto pedindo que Ele olhasse para meu filho? O medo que eu sentia era verdadeiro. Desde o seu nascimento sabia que algo terrível aconteceria. Justamente na época em que, sentindo-me tão segura e feliz, não me preocupava mais com aqueles sinais vindo às vezes de forma sutil. Que Deus era aquele que me fazia sofrer, por uma perda irreparável, que jamais teria volta. Jamais teria meu filho de volta. Nunca mais cuidaria dele, beijaria, abraçaria. Jamais daríamos risadas juntos. Jamais tudo. Jamais para sempre.

A revolta inicial somente parou porque, três dias depois do ocorrido, uma ex-professora dele veio me visitar com uma psicografia que era mais ou menos assim:

"Tenha calma, paciência. O Willian está comigo, chegou aqui ainda sonolento, mas agora já está se recuperando. Não chore tanto. Não fique revoltada ou desesperada, ele sente tudo o que se passa aí, é um grande sofrimento para ele, sua falta de compreensão. Ore muito e peça para Deus iluminar sua mente, para que tenha o entendimento desejado. Diga a seus familiares que também façam o mesmo. A revolta é de grande prejuízo para todos. O Willian está bem, caiu da janela porque acordou e estava sozinho, ficou com medo e quis sair do apartamento. Tenha fé em Deus. Somente isso a ajudará. Não chore para que seu filho não sofra mais do que já está sofrendo. Sente sua falta ainda e chama por você. Coragem.

Adeus, uma encarregada das crianças."

Desse dia em diante minha vida foi ir ao cemitério e depois à igreja. Eu rezava muito. E somente depois de oito dias finalmente desabei. Um choro contido por remédios achou finalmente uma saída.

Eu queria morrer. Para que viver? Que lição era esta que eu tinha que aprender na marra? Por que meu filho? Tantas crianças sem nada, sem amor, saúde, felicidade, conforto, haviam ficado aqui entre nós e meu filho tão lindo e amado tinha que ir primeiro.

Esses episódios de grande revolta se tornaram mais raros. Logo eu voltava a implorar perdão para Deus e rezava para me acalmar, e não prejudicar meu filho, já que lá, segundo a encarregada das crianças, ele tinha total conhecimento do que acontecia comigo.

Eu sentia enorme necessidade de ficar sozinha. Somente assim eu podia estar com ele. Sentia sua presença cada vez mais nítida, e isso parecia consolar meu espírito cada vez mais exausto. Quando eu dormia, tinha sonhos confusos. Depois o Willian aparecia em um belo cavalo branco, galopava e eu, como num passe de mágica, subia também no animal, e assim percorríamos tantos lugares, quantos fossem possíveis. Lugares cheios de beleza e cores. Tão irreais quanto aqueles momentos em que eu lutava para fugir quando estava acordada, de não aceitar tudo aquilo que estava acontecendo.

Maravilhas que somente nossa alma pode sentir. Posso ainda visualizar, mas jamais poderei descrever. Eram caminhos sem fim. Às vezes nós estávamos em cidades ou aldeias. E a cor que mais me chamou a atenção durante esses sonhos também não poderia dizer o nome, ou descrever seus matizes, já que nunca pude ver algo parecido.

Nos dias que segui em minha solidão, eu esperava ansiosamente chegar a noite para que tudo se repetisse novamente e então lá estava aquele menino sorridente, que me estendia a mão, para que fosse possível continuar nossa viagem.

Um dia, ele não veio, e me vi entre uma porta e uma janela. Bati na porta ansiosa, um homem jovem ainda, de olhos e cabelos claros, e vestido com um terno e camisa azuis, me atendeu.

— Eu queria ver meu filho — sussurrei emocionada.

— Olha, a partir de hoje, não será mais possível esse encontro — disse delicadamente

Fiquei ali parada sem saber o que dizer. Ao ver minha fisionomia, ele ponderou.

— Se você quiser, pode olhar por esta janela.

Sorriu e foi fechando a porta. Olhei para o lado e caminhei em direção à janela que ele indicara. Pude ver meu filho junto com outras crianças. Havia uma moça entre eles. Ele logo percebeu minha presença e voltou-se para mim. Vinha caminhando devagar e sorrindo. Quando estava perto, ele parou e olhou para trás, depois se voltou novamente em minha direção e começou a acenar, enquanto vagarosamente ele foi retornando para juntar-se aos outros. Ele parecia tão emocionado como eu. Eu queria gritar. Desesperada, e sem poder fazer nada, pude vê-lo caminhando; às vezes olhava para trás em minha direção, acenando até desaparecer no meio dos outros pequenos, como ele.

Estática, fiquei ali parada por um bom tempo. Comecei a chorar, enquanto o homem que abrira aquela porta ficava também do outro lado, olhando-me com aquele rosto perfeito, que transbordava bondade.

Não sonhei mais com o Willian.

Em uma fita cassete, em que ele cantava mostrando seu dote artístico, tive outra surpresa. Depois de alguns dias eu quis ouvir a voz de meu filho, juntamente com minha sogra e minha cunhada, que como eu ficaram estarrecidas. Em vez de ouvirmos meu filho cantar, depois de um silêncio em que parecia que a fita estava com defeito, ele, como que estivesse acordando, chamava por mim.

— Mãe. Mãe — ele dizia

— Calma. Calma. Dorme — uma voz feminina acalentava carinhosamente, enquanto se ouvia uma música suave.

Ficamos atordoadas com aquilo gravado na fita, e depois de várias pessoas ouvirem aquilo tudo, meu pai decidiu enviar para o Chico Xavier, que em resposta disse que aquilo era normal acontecer, já que a nossa ligação era muito forte. Chico ainda disse que foi no momento exato de seu desencarne, quando meu filho já estava naquele mundo desconhecido até então.

Mergulhei em um mundo onde havia dor e dúvidas. Apesar de tantos acontecimentos estranhos para mim, não conseguia aceitar aquela fatalidade em minha vida. O começo foi difícil e nada parecia me consolar. Em um determinado livro infantil muito conhecido, li o seguinte: "E quando você tiver se consolado (porque a gente sempre se consola), ficará feliz, por ter me conhecido. Você entende que este corpo é pesado e não posso carregá-lo?".

Essas palavras me fizeram entender que nada poderia ser feito, tudo já tinha acontecido, e eu precisava continuar de qualquer forma. Eu precisava encontrar forças de algum modo. Eu ainda estava viva, apesar de tudo. Os anos foram se passando e aquela mágoa profunda foi aos poucos se dissipando, dando lugar a uma fé enorme. Deus havia sido generoso comigo, apesar de tudo. Permitiu que meu filho desse sinais de que estava vivo e bem. E que tudo era questão de moradas diferentes.

Depois de dois anos, nasceu minha filha, o que não me fez esquecer o Willian, mas sabiamente Deus me enviou um bebê que chorou sem parar durante os dois anos seguintes. Ela dormia durante o dia e à noite queria atenção; mimada, cheia de dengos, não dava sossego e isso fez com que eu tivesse menos tempo para chorar o passado, tão ocupada fiquei com a menininha, que só ficava feliz no colo.

Dois anos mais tarde veio outro menino, que abalou minha estrutura emocional novamente. Eu sentia um medo enorme de perdê-lo e dois anos depois ganhei outro menino. Essas crianças, que chegaram ao mundo sem eu esperar mais nada da vida, me fizeram reerguer novamente, e com os afazeres normais de uma vida em família, sobreviveram do desespero inicial.

Tenho consciência da perda física, mas hoje tenho certeza da vida espiritual. Busquei ajuda nos mais diversos livros e crenças, e cheguei à conclusão de que tudo pode ser um bálsamo para nosso espírito. Não que a religião seja uma desculpa para suportarmos o sofrimento, porque a fé não é algo que se busque, ela é dada a pessoas que possam fazer uso dela. Ou a pessoa tem fé ou não tem. Acredita ou não. Não existe meio-termo, a vida nos mostra, nos ensina o tempo todo, apenas não temos tempo de parar e prestar atenção. Tudo o que vive passa por uma mutação, por que somente conosco, seres humanos, haveria de ser diferente?

Cada crença prega de uma maneira, os caminhos são vários, mas todos nos levam ao encontro de um Deus, com um nome em cada parte, mas que no fim é o mesmo.

Só consegui enxergar a vida e alguns de seus mistérios através do sofrimento; antes, eu não tinha curiosidade ou interesse. Achava que tudo estava bem, precisei de um impulso para me voltar para Deus e hoje percebo que eu, como qualquer outro ser humano, cheia de imperfeições na alma, afirmo novamente que Deus foi generoso comigo. Através da perda física de meu filho, eu cresci como pessoa, sou mais generosa, estamos aqui para aprender o que realmente importa, a comunhão com Deus, e na maioria das vezes é, através da dor física, moral ou espiritual, que este aprendizado precisa ser realizado.

Das mensagens psicografadas, pude saber o que de fato havia acontecido. Em uma carta escrita pelas mãos de um médium, com detalhes que somente eu sabia, também soube que ele sempre esteve e continua ao meu lado. Não posso vê-lo, mas percebo sua ajuda durante meu percurso. Fiz tudo o que diziam ou eu lia, para ajudá-lo. Rezei terços intermináveis, salmos, visualizo meu filho em uma grande esfera azulada, assisti a missas, acendi velas, li *O Evangelho Segundo o Espiritismo*, a *Bíblia*, diversos livros espíritas, livros de yoga, budismo, ocultismo e esotéricos. E ainda continuo fazendo isso. Sempre existe alguma lição nas palavras de alguém. Não consigo dormir sem antes rezar e pedir a Deus que todo meu sofrimento e saudade se convertam em felicidade plena para meu eterno anjinho. O EU não tem mais tanta importância, quero mais que meu filho, estando no mundo paralelo, esteja vivendo em paz, harmonia, alegria. EU não tenho mais tanta importância, aprendi a olhar para os lados e sentir compaixão, e isso foi fundamental para continuar vivendo. Quando nos doamos sem interesse algum, somos presenteados por momentos de felicidade, vitória e autoconhecimento. Nos damos conta de que somos capazes de dar consolo, alento, alegria. Sem precisar de nenhum esforço, a não ser uma pequena parte de boa vontade. E isso é tão pouco.

Decidi escrever este livro depois de tanto tempo, porque não poderia guardar somente para mim as experiências vividas. São reais, sem fantasia, como parecem às vezes ser. Descrevo aquilo que recebi em mensagens recebidas, em um centro espírita em São Paulo, de nome A Caminho da Luz — aberto a todas as pessoas, que seus entes queridos já tenham voltado à VIDA original — que é ESPIRITUAL —, um lugar repleto de pessoas boníssimas onde somos recebidos de braços abertos cheios de compreensão e misericórdia. Sou eternamente grata por essa bondade, que adicionou consolo e certeza para a minha vida.

Todas as vezes que olho para as fotos no meu quarto, vejo aquele menininho sorridente, que parece um indiozinho. Ele continua sorrindo. Meus olhos ficam cheios de lágrimas. Sinto uma saudade enorme assim como sinto a ferida curada, mas com eternas cicatrizes em meu coração. Como eu poderia esquecer esse menino de cinco anos? Para mim sempre será meu menininho. Sempre estará rindo e dançando pela sala, andando de bicicleta no parque, jogando bola ou correndo pelo nosso sítio, vivendo suas aventuras infantis. Ou estará na praia, junto com sua avó Paula, à espera de um golfinho.

O que dizer de um menino que gostava de viver? Parecia feliz em um mundo que somente ele conseguia visualizar. Tenho saudades e ainda choro escondida. Mas que todas minhas lágrimas sirvam para dar felicidade a ele, até chegar o dia em que, velha e tendo terminado minha missão aqui na Terra, montado naquele mesmo cavalo branco, ele possa vir me buscar.

Sentada em meu escritório, enquanto escrevo este livro, vejo o entardecer. O Sol ainda brilha no horizonte, raios dourados insistem em iluminar as últimas horas do dia. Logo vem a noite, mas, através da escuridão, nos será permitido ver a Lua e as estrelas.

Para as mães e pais que sentiram a angústia do desencarne precoce de seus filhos, que sejam fortes e não desistam de viver, nem se entreguem ao desespero, pois para tudo existe uma explicação, um motivo, por mais sofrido que possa parecer. Espero que a motivação que tive para escrever possa surtir o efeito desejado, porque embora eu seja mais um ser humano ínfimo e imperfeito, todos temos este vazio permanente em comum.

O *Mundo Paralelo* é o lugar para onde vamos quando desencarnamos. Existem vários mundos no Universo, cada um deles é destinado para uma experiência de vida. É assim como aqui, só que a perfeição é o ideal de cada indivíduo. Podemos enfim descansar o nosso EU verdadeiro depois das batalhas vencidas, e então continuar nosso rumo através das outras várias moradas do Senhor. Não seria lógico que tudo acabasse. Não teria finalidade alguma nascer e viver para nada.

Um grande abraço,

Neide Maganha

Mundo Paralelo

Uma noite memorável. Eu estava ali escondidinho. Meus pais foram jantar fora. Marisco foi o prato escolhido. Parecia bom. O gosto era bem agradável, mas depois de um tempo não pude suportar aquele gosto de areia. Minha mãe começou a sentir enjôo e foi um Deus nos acuda. Ela só parou de vomitar no outro dia. Eu sentia pena dela, mas o que fazer se de repente não pude mais agüentar? Ela comeu mariscos demais!

No entanto descobriram minha presença. Eles ficaram eufóricos! Senti-me muito importante pela ansiedade que sentiram ao saber da notícia. Depois daquela noite, minha mãe ficou mais cuidadosa. E fui crescendo até quase ela não poder mais andar.

Não sabia de onde vinha, para onde eu ia e muito menos que lugar era aquele, no qual estive durante aquele curto espaço de tempo, mas tinha consciência de que eu existia. Vagamente, às vezes em que eu fechava os olhos via-me em lugares diferentes e longínquos. Via rostos conhecidos. Outros, não tinha nenhuma idéia de quem poderiam ser. Um deles era especial, porque, já desde os tempos aos quais consigo ativar minha memória, esteve sempre comigo.

Perdido entre os dois mundos, senti uma força descomunal arrastar-me por longos corredores. Um labirinto de sensações e os mais diferentes sentimentos. Nasci. Gritei porque senti frio e muito medo, por estar de cabeça para baixo. Passado o susto, parei de chorar e olhei para minha mãe. Ela era jovem. Olhou-me quase desfalecida. Mexeram nos meus olhos, na minha boca, me levantaram pelos braços. Uma tortura! Por fim, me deixaram sozinho, todo enrolado. Adormeci e aquele rosto já conhecido se aproximou e disse que era para eu ter coragem; aquilo era assim mesmo, e que, a partir daquele momento, ele estaria sempre ao meu lado. Era meu amigo. Podia confiar nele, estaria zelando por esta minha nova aventura, que seria minha existência na Terra. Esse seria nosso segredo. Parecia confiante. Vestia uma roupa comprida branca e transparente, tinha uma tez morena e cabelos e barbas longos e grisalhos. Um semblante sereno. Seu nome, disse-me, era Manu.

Enquanto eu parecia estar dormindo, estava junto dele, indo para outros lugares. E quando voltava, meu espírito permanecia naquele estado de alegria por muito tempo. Eu sorria para ele, enquanto as pessoas achavam que meu sorriso era para elas. Manu também voltava comigo e ficava ao meu lado, enquanto permaneci no berçário.

Apesar de pequeno, eu, naquela ocasião, tinha consciência da minha vida espiritual. Sabia que estava começando um novo ciclo, que, definitivamente, como havia dito Manu, me libertaria de vez. Acho que durante este período inicial Manu chegou a revelar-me tudo o que estaria por vir, mas, provavelmente, foi apagado de minha memória, porque só assim conseguiria seguir meu destino.

Minha mãe, bem inexperiente, não sabia me amamentar. Eu sugava com força, ela sentia dor, tirava o peito da minha boca. Era uma guerra. Depois eu voltava a dormir. Liberdade. Eu não parecia aquela pessoinha que só dormia, chorava e mamava. Meu espírito, em suas andanças, partilhava com Manu segredos e revelações. Percorríamos um céu sem fim. Imensidão. O Universo, ali, bem diante de nós.

Minha mãe sempre colocava seu rosto perto do meu. Beijava-me. Falava comigo. Eu entendia tudo. Chamava-me de pequenininho. Meu pai era bem jovem também e chegou a carregar as enfermeiras no ar, num gesto de imensa alegria e entusiasmo. Distribuiu charutos e gorjetas para todos os funcionários do hospital. Manu olhava tudo aquilo com certo cuidado, mas dizia que isso era natural. Chegamos em nossa casa.

Eu tinha um berço bem arrumado e roupas bonitas. Minhas avós se redobravam em cuidados. Daí em diante, tudo foi ficando mais fácil para todos. Não fui um bebê chorão, porque com a constante companhia de Manu era sempre suprida minha ansiedade em não ficar só.

A vida prometia muito...

Para ser franco, meus pais até viram meu protetor em uma noite, mas pensaram estar sonhando ou ser fruto do cansaço emocional. Logo depois tornaram a dormir. No dia seguinte, comentaram:

— Esta noite você estava dormindo e eu acordei. Olhei para você e vi um homem. Parecia indiano. Tinha roupas brancas e um colar de contas no peito. Era moreno de barbas brancas, longos cabelos, quis te chamar, mas acho que dormi ou desmaiei de susto... Apesar de sentir medo, não pude sequer mover um dedo...

Minha mãe estava assustada.

— Também vi. Não sei o que era, mas seja lá como for é melhor esquecer. Será que demos para ver fantasma agora? E meu pai se benzeu.

E não tocaram mais no assunto.

Fui crescendo forte. Saudável. Achavam-me muito bonito. As pessoas ficavam me olhando e logo se aproximavam, para orgulho de meus pais. Já era maiorzinho e meu pai me levava a um parque perto de nossa casa. Ele era um *barato*, havia uma ladeira e ele largava o carrinho e corria atrás de mim. Eu ria muito, quase perdia o fôlego. Manu nem acreditava no que via, flutuava atrás de mim com seus olhos arregalados. Ficávamos lá por algum tempo e eu admirava os pássaros e muitos outros animais que havia. Um bosque de eucaliptos. Depois de algum tempo ganhei uma bicicleta e muitas vezes pedalei naquele lugar, enquanto meu pai ficava sentado em um banco, olhando de um lado para o outro, até que uma vez ele olhou muito para uma moça e eu caí dentro do lago. Foi uma correria. Se não fosse Manu, nem sei o que teria acontecido. Ele logo me ergueu, enquanto meu pai chegava esbaforido.

Era bom tomar chuva. Pisar na lama. Comer chocolate. Sorvete. Passear de carro. Visitar parentes. Brincar. Eu gostava de viver. Sentia uma grande alegria em estar vivo e ter pessoas como meus pais. Nós éramos felizes, porém meus pais, por motivos que eu nunca cheguei a compreender, acabaram se separando. Nossa vida continuou e, mesmo depois desse fato, com meu pai vivendo em outra casa, estávamos sempre juntos. Nos finais de semana eu ia para São Vicente ficar com ele. Outras vezes íamos para o sítio de meu avô. Não sei onde me sentia mais feliz... Na praia, quando entrava no mar enquanto a areia ia aos poucos escondendo meus pés, ou no sítio. Adorava estar ali no curral junto ao capataz, para tirar leite das vacas. Bebia aquele leite morno. Havia uma charrete, em que uma mula, minha preferida, puxava pacientemente. Havia patos, galinhas, marrecos, cachorros. Eu sempre amei os animais. Tinha muita pena deles, porque as pessoas os escravizam e os humilham por puro divertimento. Ah! Se elas soubessem o que sei hoje...

Também, eu sempre aprontava, e do sítio tenho uma história memorável. Meus avós eram cheios de cuidados comigo, porque quase sempre eu ia para lá sozinho com eles. Um dia decidi me esconder só por diversão. Começou a escurecer e eles ficaram muito nervosos com meu desaparecimento. Manu não gostou daquilo, e bem que tentou fazer com que eu mudasse de idéia, mas criança, sabe como é... Não houve argumentos para que eu mudasse os planos; achei muito engraçado ficar ali vendo todo mundo me procurando. Permaneci assim quieto até um empregado me encontrar. Meus avós estavam histéricos. Fiquei ouvindo o maior sermão. Eles não sabiam que atitude tomar, se de contentamento ou de aborrecimento para comigo. Outra vez que nós fomos para lá, meu dente começou a doer. Nem Manu conseguiu fazê-lo parar de doer. Foi uma noite bem difícil para mim. No dia seguinte, meu avô, muito nervoso, pediu para que minha avó arrumasse tudo, que voltaríamos. Ele corria bastante na estrada e, para me distrair, pedia para eu cantar. Eu até tentava, mas a dor vinha novamente. Meu avô xingava a dentista até não poder mais, e minha avó não sabia mais o que dizer, para eu me acalmar e não chorar. Quando chegamos a São Paulo, minha mãe tornou a me levar à dentista. Assim que chegamos, fui logo sentando na cadeira e ela perguntou:

— Seu dentinho começou a doer, Willian?

— Começou, sim, e foi por culpa sua. Meu avô disse que você é uma dentista de merda. Que não sabe nada. É uma burra. E seu diploma você achou na lata do lixo — falei de uma só vez.

A doutora ficou muito vermelha, enquanto minha mãe, paralisada, não sabia o que fazer.

— Willian, você é louco? — Minha mãe disse rindo muito, enquanto voltávamos para casa. Essa história ficou na lembrança de todos nós...

Meu último aniversário foi o de cinco anos. Minha mãe estava radiante. Eu também. Agora tenho conhecimento de que a partir daquele aniversário nossa vida mudaria para sempre. No fundo do meu coração, sentia que não haveria mais festas naquela casa. Durante aqueles meses posteriores, eu, às vezes, me desligava da realidade. Aquela sensação de ir a lugares tão diferentes voltava. Outras vezes eu acordava pela manhã e ficava quietinho, deitado de olhos fechados, lembrando do sonho que tivera. Era sempre o mesmo sonho e cada vez mais cheio de detalhes. Eu andava por um imenso gramado, em companhia de Manu. Ele falava sobre assuntos que eu parecia não escutar, pois estava distraído, talvez fascinado com a beleza do lugar. Levava-me pelas mãos. Íamos andando sempre em frente até que, de repente, eu acordava e não estava mais lá. Devo dizer que, nesta ocasião, Manu já não ficava junto de mim com a mesma freqüência. Já crescido o bastante para falar tudo, comentei sobre ele com meus pais, mas eles não ficaram surpresos com aquilo.

— Deve ser seu anjo da guarda — disse minha mãe.

— Anjo? — perguntei curioso.

— Sim, as crianças podem ver o anjinho que as acompanha — continuou ela enquanto fazia o almoço.

— Só as crianças?

— Sim, somente as crianças podem ver anjos. Depois que crescemos, eles fogem de nós — disse, pensativa.

Não falamos mais sobre aquilo e como eu já ia para a escola e tinha muitos amiguinhos fui me esquecendo de Manu, só me lembrava às vezes, quando, repentinamente, eu podia vê-lo de longe, ou ainda quando eu tinha aqueles sonhos em que ele sempre estava presente.

Mas por essa época meu espírito se angustiava com mais freqüência. Deveria ser pressentimento. Sem motivo aparente, eu era surpreendido por esse sentimento de solidão e abandono, que somente era esquecido ao ver Manu. Eu gostava de viver. Não de ficar aprendendo a ler ou a escrever. Adorava estar no pátio com aqueles brinquedos à minha disposição.

— Willian, você deve ficar dentro da sala de aula — disse a professora Fátima.

— Não quero aprender nada. Já sei tudo — eu respondia.

Ela conversou com minha mãe, que ficou preocupada com o futuro do *doutor* da família.

— Por que você não quer aprender nada? Logo vai poder entender o que está escrito nestas revistinhas e livros que você tanto gosta — ponderava ela.

— Mãe, sabe quando vou usar essas coisas? Nunca! E saí para brincar.

Minha mãe ficou ali parada, achando estranho tudo aquilo. Estava tão preocupada com tudo, que achou que havia algo de errado na escola. Fez milhões de perguntas. Havia algum problema com a professora? Diretora? Algum amigo? O motorista da perua? Não, não havia nada de errado. Eu só queria aproveitar todos os meus dias de vida. E esses sentimentos foram sendo mais e mais fortes com o passar daquele último ano. Às vezes eu me sentia aflito. Chamava por minha mãe muitas vezes. Mãe! Mãe! Mãe! Ela até chegou a irritar-se com aquilo, que nem eu mesmo sabia por que acontecia. Vivíamos só nós dois naquela casa. Fazíamos tudo sempre juntos. Dormíamos de mãos dadas. Ficávamos vendo filmes na TV por longo tempo. Conversávamos. Ríamos. Ela esteve sempre tão perto de mim. Sentia-me seguro ao seu lado que, quando ela saía e eu ficava com alguma empregada, sentia sua falta, mas ela logo voltava e trazia sempre alguma coisa para mim. Ela sentia remorso por me deixar algumas horas. Não conseguia ter vida própria, sendo sozinha para tudo. Às vezes eu sentia que ela, apesar de me amar mais do que tudo na vida, achava que era árdua sua tarefa de me criar e nos sustentar sozinha. Todavia, nossa vida era repleta de boas perspectivas. Tudo acabaria bem, dizia ela.

Nossos últimos dias juntos foram cheios de alegria. Ela estava bem feliz. Eu também. Ela havia conhecido uma pessoa especial. E eu também gostei dele. Claro que gostava mais de meu pai, mas essa pessoa era legal e estava sempre de bom humor. Pressenti que ele seria bom para ela.

Naquela sexta-feira, como de costume, eu iria para São Vicente encontrar meu pai. Eram muito esperados os finais de semana para mim. Naquele dia, porém, eu não queria ir. Ou melhor, eu queria ir, mas não sentia ânimo. Minha mãe sugeriu que eu fosse. Era um dos poucos lugares em que eu podia ir. Meu avô paterno logo chegaria e ela queria sair, iria comemorar um mês de namoro. Na segunda-feira, quando eu chegasse, teria uma surpresa.

Então lá fui eu arrumar minhas roupas, meio contrariado, mas acabei achando uma boa idéia. Minha avó Paula, sempre doce e prestativa, tinha por mim um carinho incrível. Ela me chamava de filhinho...

Naquela tarde, quando meu avô paterno chegou, nem entrou, dizendo que estava com pressa. Estava calor e ele queria chegar logo. Minha mãe nos acompanhou até o portão e, depois de beijá-la, entrei no carro. Ela ficou ali parada, olhando o carro andar. Eu fiquei de joelhos no banco de trás, enquanto acenava com as mãos. Um vazio enorme se instalou entre nós. Lembro-me de seus olhos parados e seu rosto estranho. Que pensamentos passaram naqueles segundos em nossas mentes? Não saberia descrever nenhum. Sei que ela até pensou em me chamar de volta e eu tive ímpetos de querer voltar. Mas, atrás daquele grande vazio e angústia, nossos mentores aproximaram-se de nós, e nosso destino foi sendo cumprido à nossa revelia.

Durante a viagem, dormi. E, a partir daí, Manu voltou a ficar perto de mim. Sabia que a vida é assim mesmo e que não podemos imaginar o que está para acontecer segundos depois. Meu espírito, mesmo tendo vivido já inúmeras vezes, comovia-se por todo sofrimento que estaria por vir.

No dia seguinte fui à praia com minha avó. A tarde passou entre descanso e muitos sorvetes. Eu tinha muita vontade de comer doce. Muitos doces. As pessoas se assustaram com toda aquela gula, e minha avó comentou isso com minha mãe, quando ela ligou para saber como eu estava, mas não chegamos a nos falar. Nossos laços estavam começando a ser desfeitos. À noite saí com meu pai. Fomos a um parque junto com alguns amigos dele. Eu fechava os olhos, enquanto aquele aviãozinho subia... subia e depois, para minha alegria, eu tinha uma paisagem noturna muito bonita. As luzes da cidade de um lado e o mar com alguns pontos brilhantes de outro. Ficamos ali muito tempo. Manu estava junto de mim. E olhava com muita atenção todos meus passos e travessuras.

Quando finalmente saímos de lá, meu pai me levou para o apartamento de minha avó. Fiz um escândalo, queria ficar com meu pai. Ele acabou atendendo ao meu pedido. Manu continuava apreensivo. Meu pai me deitou na cama. E eu, cansado, dormi.

De repente, acordei. Chamei por meu pai e ele não estava. Levantei-me da cama e fui até a sala. Nada. Mexi na porta e estava trancada. Ele e sua mulher haviam saído. Fiquei assustado e fui até a janela. As luzes ainda brilhavam e por um momento me lembro de ter ficado olhando lá de cima. Depois um grande pavor se apoderou de mim, eu quis sair dali. Fiquei de pé em cima da cama e aos poucos fui subindo na janela que estava aberta por causa do calor. Naquele momento tantos pensamentos povoaram minha mente. Iria para o apartamento de minha avó. Era bem perto. Eu conhecia o caminho. Procurei Manu. Ele estava em um canto do quarto me olhando tristemente. No parapeito da janela, no 12º andar, senti que não poderia pular, mas já era tarde para eu conseguir me segurar. Minhas mãos, pequenas ainda, não agüentaram o peso de meu corpo. Naquele imenso vazio fui caindo.

— Mããããeeee...

Meu grito, desesperado, chegou até ela. Em um relance ainda pude ver que chorava, no lugar onde estava, bem distante dali.

Manu apareceu. Pegou-me no colo e eu adormeci...

O Espírito de Willian Conhece seu Novo Lugar e Reencontra seus Antepassados

Sentia-me exausto. Abria os olhos e logo depois fechava. Um profundo silêncio, que era somente quebrado por um som de harpa... Às vezes acordava e chamava por minha mãe, enquanto uma moça alisava meu rosto e dizia:

— Calma... Calma...

Eu voltava a dormir. Em dado momento, enquanto eu parecia adormecido, cheguei perto de minha mãe.

Ela estava sentada. Olhos vermelhos. Um rosto triste. Sem expressão. No apartamento de meu avô materno havia muitas pessoas. E todos pareciam inconsoláveis.

O que teria acontecido ali? Eu pensava. Fui chegando bem perto de minha mãe e sentei-me em seu colo com os braços em volta de seu pescoço. Deitei o rosto em seu corpo e permaneci ali, até que de repente acordei novamente.

Aquela moça continuava comigo, juntamente com Manu. Eles tentavam em vão ajudar-me naquele momento de transição. Oravam, mas eu sentia um enorme cansaço, como aquele que eu lembrava já ter vivido quando nascera. Era a mesma sensação, chegar ao desconhecido.

Fui até onde minha mãe estava novamente e vi todos saindo do apartamento de meu avô. Entraram em um carro. Ela caminhava demoradamente. Eu seguia a seu lado sem entender o que estava acontecendo. Por que ela não falava comigo? Para ser mais exato, por que ela não me via? Parecia que eu não estava ali, junto com todos, acompanhando tudo aquilo. Minha mãe estava tão amargurada que eu não tinha coragem de falar com ela e não me recordava de tê-la visto assim em nenhum momento de nossas vidas. Eu também nunca havia estado em um lugar daqueles onde todos entraram. As pessoas ali choravam. Fiquei com medo e fiquei mais apavorado quando minha mãe deu aquele gemido de uma dor profunda. Olhei para ela, que caminhava até o centro de uma sala. Sem ainda entender, chorei junto, quando vi a imagem de Jesus pregado naquela cruz. Eu sempre me comovia ao ver essa imagem. E mesmo depois de ouvir sua história, sensibilizou-me muito saber que Ele viera até nós por compaixão e com grandes revelações, mas as pessoas não conseguiram compreender...

O que haveria dentro daquela caixa branca que todos olhavam? Inesquecível aquele momento... Minha mãe aproximou-se e parecia não acreditar no que via; ela permanecia em silêncio, mas lágrimas escorriam por seu rosto. Foi quando vi seu espírito. Ele parecia não mais querer ficar ali. Às vezes parecia flutuar acima de sua cabeça. Fiquei parado olhando aquilo sem saber o que era. Tive a impressão de que ela não conseguiria mais ficar ali em pé. A expressão era de profundo pesar. Curioso, fui até lá e, mesmo sendo pequeno, consegui ver. Era eu! Dormia entre flores brancas. Acordei novamente. Manu orava. Eu queria acordar daquele pesadelo. Senti que perdia as forças. O que havia visto? Minha mãe chorava por quê? Meu pai... Meus avós... O que eu fazia naquela caixa branca, cheia de flores? Eu precisava acordar.

— Willian, calma. Logo você vai poder compreender o que houve — dizia ele. Eu chorava muito e, às vezes, a dor que eu sentia era ainda maior. Sentia que minha mãe sofria e eu nada podia fazer. Adormeci ainda chorando.

Voltei para junto dela.

Mamãe estava outra vez no apartamento de meus avós. Ficamos juntos deitados no quarto, perdidos em confusos pensamentos. Eu queria falar, mas não podia. Ela continuava de olhos abertos para o nada. Não dormia, não chorava mais. Eu queria consolar aquela mulher, que agora parecia uma estranha. Aproximava-me dela e queria muito dizer que eu estava ali, era só uma questão de acordarmos, porque aquilo era um grande pesadelo para ambos. Adormeci ao seu lado e quando acordei já não estava mais ao seu lado...

— Meu bem, o que você quer? — Aquela moça, muito delicada, se aproximava de mim, deitado naquele quarto desconhecido.

— Minha mãe está aqui? — perguntei a ela, muito confuso com tudo aquilo.

— Não, meu bem, ela não está. Ela está agora somente aqui — e apontou em direção ao meu coração.

Fiquei olhando para a moça sem entender. Manu aproximou-se. Lembrei das palavras de minha mãe.

— Você é um anjo? — perguntei, na minha inocência. Ele me olhou cheio de ternura e depois de pensar bem no que haveria de falar, disse:

— Pode-se dizer que sim.

— Por que estou aqui? Quero ir para casa — pedi chorando.

— Você precisa apenas descansar. Logo vai poder ir com sua mãe, agora tente se acalmar. Sabemos que é difícil, mas logo você vai se recuperar — e colocou suas mãos sobre meu rosto. Saí dali.

Sabia ser um cemitério, já havia passado na porta de um. Na frente de uma capela, eles pararam e subiram os três degraus que levavam ao seu interior. Mais uma vez aquela caixa branca foi aberta para que todos pudessem se despedir. As pessoas beijavam minhas mãos e o meu rosto, que parecia dormir tranqüilamente. Eu não podia acreditar que aquilo estava acontecendo... Enquanto as pessoas se despediam, eu gritava para que pudessem me ouvir, mas... Nada! A caixa branca cheia de flores foi fechada novamente. Fiquei ali dentro. Seguiram mais uma vez e, em frente ao que me parecia uma casinha, dois homens estranhos e cabisbaixos mexiam com areia e cimento, como se fossem construir algo. Aos poucos, foram sendo ouvidos os sinos de uma capela. Minha mãe, eu percebia, estava tão ou mais confusa do que eu. Vários momentos de nossa vida eram lembrados. Eu podia ver e ouvir seus pensamentos. Ela tinha a impressão de que um grande livro havia sido aberto e que as páginas estavam sendo folheadas. Parecia alheia a tudo e a todos que a rodeavam com palavras de conforto e afeição. Talvez fosse aquele homem ao seu lado, que ficou segurando seu corpo, sem que ela percebesse. Saímos daquele lugar sombrio e fomos embora. Eu acompanhava, tentando em vão que alguém por fim pudesse me ver ou ouvir. Minha casa estava diferente, umas amigas de minha mãe haviam estado lá e mudaram todos os móveis de lugar. Nossa cama. A estante. Tudo. Meus brinquedos e roupas estavam sendo levados. Não podia entender por que minha mãe entregava tudo o que era meu. Ela parecia a cada momento que passava mais e mais apática. Queríamos ficar sozinhos. As pessoas chegavam sem parar e pareciam amáveis, mas ela, assim como eu, parecia exausta. Queríamos sair correndo dali... Eu me aconcheguei em seu colo e ela pôde saber que eu estava ali, mas quando fez algum comentário a respeito e viu que as pessoas ficaram olhando com desconfiança decidiu permanecer, a partir de então, no mais absoluto silêncio.

Quando nossa casa finalmente ficou vazia, ela foi até o quarto e pegou alguns pertences meus, que ficaram separados. Apertou-os fortemente e os levou à altura do peito. E desabou. Chorou até não poder mais. Se, antes, suas lágrimas desciam pelo rosto sem um soluço, naquele momento, seu corpo estremecia. No seu desespero solitário percebi que nada mais havia para ser feito. E não tinha coragem de pensar que eu era a causa de tamanho desespero. Eu ainda estava lá, mas ela não mais podia me ver. Seus lamentos alcançaram os céus. Fiquei petrificado. Podia sentir minha presença, quando ficava mais calma, mas, diante de seu pranto, uma força desconhecida me arrancava de lá. Nossos abraços e risadas... Nossos passeios... Nossos aniversários... Nossos natais... Nossos problemas... Nunca mais... O que seria de nós? Seu choro... Seu lamento... Aquilo tudo parecia nunca mais ter fim. Logo em seguida acordei novamente e Manu veio até minha cama.

— Estava com sua mãe? — perguntou, já sabendo a resposta. Não respondi. Meus olhos ficaram cheios de lágrimas e virei o rosto. Ele dizia ser meu amigo. Quanto tempo ele tinha estado comigo? Quem, afinal, era ele? Tudo era um grande segredo. Era sempre assim, para criança ninguém explicava nada, eu pensava...

— Não é verdade — disse ele, depois de ler meus pensamentos. Voltei a olhá-lo e chorei mais. Não queria dormir, queria sim saber por que estava ali. Ou não estava? Quem era aquele menino que tinha ficado no cemitério? Parecia ser eu, mas não podia ser. Eu estava ali assistindo a tudo em um inútil papel de espectador. Por que minha mãe, meu pai, minha família estavam naquele desespero? Ouvia seus lamentos. E eu continuava vivo. Por que eles não podiam saber disso? Eu continuava vivo. Respirava... Chorava... Tinha sentimentos que talvez fossem desconhecidos até então. Não conhecera aquela dor na alma. Minha mãe sempre fez o que pôde para poupar-me de qualquer angústia.

— Willian — disse Manu afetuosamente. — Você se lembra que não estava com sua mãe quando caiu daquela janela?

— Que janela? — Eu não me lembrava de nada.

— Lembra-se que estava na praia? E depois, à noite? Lembra do parque? Da janela...

Vagamente fui me recordando daquela noite. E o medo foi se apoderando de todo o meu ser.

— Você me pegou no colo, quando caí daquela janela, não é? — perguntei.

— É. Eu o peguei assim que você perdeu o equilíbrio e despencou lá de de cima.

— Manu, mas você me trouxe para onde? — perguntei.

— Para o céu — disse ele afagando meus cabelos.

— Para o céu?

— Digamos que sim — respondeu, enquanto segurava minhas mãos entre as suas. Fiquei olhando para ele esperando outra explicação... Bem, tudo bem: eu estava no céu. E daí? Eu queria voltar para casa.

— O Willian de verdade está aqui, agora. Você pode entender? O seu corpinho continuou caindo... Você existe e sempre vai existir. Somente seu corpo deixou de existir.

— Mas eu não quero ficar aqui... Minha mãe sabe onde estou?

— Ela sabe, sim.

— Não vamos mais nos ver? — insisti.

— Não da mesma maneira. Seu corpo deixou de existir. Isso significa a morte do corpo, mas a ligação entre vocês é muito forte; por isso, quando você adormece, vai até ela.

— Eu morri? — perguntei, arregalando os olhos.

Lembrei-me do dia em que perguntei o que era morrer e me responderam que a gente ia para o céu, depois que nosso corpo ficava gelado. Éramos levados, então, ao cemitério e ficávamos ali deitados para sempre e os bichinhos comeriam nosso corpo...

Manu não respondeu a minha pergunta, continuou afagando meus cabelos, num gesto de extrema dedicação. Continuei pensativo. Cada vez mais entendia menos; porém, já convencido de que era inevitável, cedo ou tarde teria de aceitar a nova realidade. Nada mais havia por fazer. A pouca idade permitiu que eu aceitasse, mesmo sem compreender, o que ou como havia acontecido tudo aquilo.

Eu estava frágil e nada parecia me consolar. Sentia o eco dos soluços, que vinham de todos os lados. Estava inquieto. Enquanto isso, outros irmãos espirituais ficavam ao meu lado, fazendo tudo para que logo me recuperasse.

Permaneci neste estado de letargia por um tempo que não posso definir. O quarto em que eu estava era muito simples, mas havia um enorme aconchego. Nas paredes, algumas gravuras com motivos infantis que eu tanto conhecia, mas minha tristeza era muito grande, para que eu me interessasse por algo que não fosse minha mãe.

Eu prestava atenção em todos que estavam comigo durante aquele período complicado, mas nenhuma palavra podia aliviar meu sofrimento e solidão. Eu me sentia muito fraco, aquele lugar seria o quê? Manu sempre me dizia ser o céu, mas no céu não havia nada além de nuvens, disso eu ainda podia me lembrar. Acho que dormi bastante naqueles primeiros dias...

As impressões são inúmeras. É inexplicável a morte, hoje percebo que é a mesma sensação do nascimento. Aos poucos, acordamos para uma realidade desconhecida momentaneamente. Obscura, de início, mas que vai se dissipando aos poucos... faz parte do ciclo natural da vida. É difícil para todos, dependendo do grau de entendimento do espírito que volta para seu lugar e também daqueles que continuam sua jornada.

Um dia, Manu pediu que eu o acompanhasse. Disse que já era hora de sair daquele quarto, que eu precisava reagir e tentar acreditar no que ele podia fazer por mim. Levantei-me da cama em que tinha ficado durante todo o tempo, alimentava-me apenas com água. Surpreso, notei que estava vestindo os shorts e a camiseta de que eu gostava tanto, mas não me animava a perguntar nada. Tudo me parecia estranho. E, embora todos fossem demasiadamente bons comigo, eu continuava triste.

Andamos por um longo corredor. Manu segurava minha mão. Lá fora, o dia era ensolarado. Vi um gramado imenso. Um jardim cheio de flores coloridas. O céu era magnífico. Fiquei parado, olhando. Era o mesmo lugar no qual várias vezes, em sonho, havia estado. Assim como eu, havia muitas crianças, umas ainda tristes e outras que já brincavam alegremente, sempre acompanhadas de moças que, pacientemente, lhes faziam companhia.

Andamos até um banco e nos sentamos. Para dizer a verdade, neste começo não tive muito interesse em me certificar se realmente já conhecia tudo aquilo. Ao contrário, sentado naquele banco, sentia-me bem desanimado. Nada daquilo podia fazer esquecer aqueles últimos acontecimentos. Era também muito estranho viver sem precisar de alimentos, mas como nunca gostei muito de comer, principalmente carne de animais, não dei muita importância. Encontrava-me tão forte como sempre tinha sido. Meu corpo parecia igual e eu podia ver os outros ao meu redor da mesma maneira. Até Manu, que sempre fora transparente, agora parecia não ser mais. Eu podia tocar no que quer que fosse, e a minha sensibilidade era a mesma. Manu, percebendo minha tristeza, quebrou o silêncio.

— Você quer sorvete? — perguntou.

Olhei para ele e fiz sinal com cabeça negativamente.

— Aqui, nós temos o melhor sorvete do universo. Quer experimentar?

— Não...

Queria voltar para o quarto, lá me sentia mais seguro. Estava com medo. Sentia-me sozinho, apesar de tudo. Todos eram estranhos para mim, todo aquele carinho e atenção não eram suficientes para me consolar.

— Você não está só. As aparências não são nada. Você vai se acostumar a viver aqui, da mesma forma que aconteceu quando estava com seus pais. Aqui não existe dor ou tristeza. Nem frio nem calor. Há a saudade, mas com o tempo ela deixa de ser uma dor e transforma-se em amor. Aqui é nosso lugar. Vivemos aqui. Saímos em busca de soluções, porém todas as respostas estão somente aqui. Sua mãe ficaria orgulhosa de você, sabendo que agora está por sua conta.

— Não sei. Não sei o que é morrer. Não sei onde estou. Sinto medo.

— Já disse que agora você está no céu — replicou Manu.

— Não, não estou, olhe para cima... O céu está lá, e nós estamos aqui...

— O céu é infinito. Não tem começo e nem fim. Este é o mundo paralelo. Um mundo parecido com o outro, só que aqui carregamos nossa bateria. Sabe, como nos brinquedos que você possuía. As baterias ou pilhas quando acabavam não tinham que ser trocadas? O mesmo acontece conosco. Precisamos trocar as pilhas. O brinquedo é o mesmo, mas as pilhas são trocadas. O brinquedo é nosso espírito, nosso *eu* verdadeiro, e as pilhas são nossas experiências ao longo do tempo.

— Manu, por que eu morri? — perguntei.

— Deus achou que já era hora de você retornar.

— Por quê?

— Não precisava mais ficar. Você fazia falta aqui para nós.

— Por quê? — insisti.

— Porque você não seria mais feliz só por continuar vivendo na Terra, como parece. A verdade é bem simples. Nosso lugar é aqui. Vamos lá somente para liquidar situações que ficaram pendentes, depois voltamos. Entende?

— Não — respondi cabisbaixo.

— Olha, pode não acreditar mas, mais dia menos dia, seus pais, seus avós, seus tios e amigos, todos eles estarão aqui também. Só não estão ainda porque eles precisam resolver tudo aquilo que ainda não puderam ou não quiseram — continuou ele.

Olhei para Manu.

— Coragem, menino. Tudo vai entrar nos eixos — ponderou aquele que sempre havia dito ser meu amigo, mas que percebia ser difícil tal tarefa.

— Deus existe? — perguntei.

— Claro. Por que acha que estamos aqui?

— Como ele é? — tornei a perguntar. — Ele é velhinho?

Ele sorriu da minha ingenuidade.

— Ele não tem idade, rosto ou corpo, mas está em todas as partes. Basta sentir. Olhe a sua volta! Você percebe a perfeição em tudo! A bondade sem limites de Deus, que fez tudo isso e muito mais, é a Inteligência Divina que planejou e mantém todo o Universo. É a vontade divina.

— Você já morreu? — perguntei.

— Muitas vezes — respondeu Manu, sorrindo.

— Dói?

— Não. Você sentiu alguma dor?

— Não.

— Sempre antes de voltar para cá, nós, os mentores, ou melhor, os anjos da guarda, como somos chamados, estamos junto das pessoas, para que na hora de deixar o corpo adormeçam e não percebam o que aconteceu. Como no seu caso. Eu sabia que você viria para cá daquela maneira, por isso eu estava presente na hora. Quando você caiu, logo eu o peguei, no chão caiu somente seu corpo, que sem a alma ou espírito não sente mais nada. Você viu o que iria ocorrer, mas quando aconteceu já se encontrava aqui. É sempre assim: quando uma pessoa vai morrer de um acidente, por exemplo, os auxiliares espirituais estão ali presentes, e antes da batida de um carro, ou um atropelamento que seja, uma espécie de dormência toma conta do espírito da pessoa e ela perde todos os sentidos. No caso de uma doença, em que a pessoa parece sofrer muito para finalmente poder se libertar, nós, os auxiliares estamos ali, preparando e ajudando para que o desligamento daquele corpo seja o menos traumático possível. Quando é da vontade de Deus, tudo é planejado com muita antecedência. A não ser quando há suicídio voluntário, aí, aquele que se mata sofre antes, durante e depois.

— Manu, eu sou isso aí que você falou? — perguntei.

— Suicida? Claro que não. Não existem crianças suicidas. Elas são seres inocentes que não sabem o que fazem. Morrem porque é chegada a hora e já é sabido como será seu desencarne, mesmo antes de nascerem, por inúmeros motivos, elas regressam cedo. Cada um de nós volta para cá de um modo. Não existem acidentes ou fatalidades. Agora, suicídio é quando a pessoa, por falta de fé no amanhã, dá fim à sua própria vida, sem ter paciência de esperar a vontade de Deus, que poderia na última hora reverter aquele desespero. Já o suicídio involuntário é quando as pessoas não querem morrer, mas tomam remédios, bebidas ou drogas, para tentar esquecer seus problemas e acabam morrendo sem saber.

— O que acontece depois?

— Depois, quando percebem o que aconteceu, ficam desesperadas, mas a morte corporal não tem volta. A matéria se transforma. Desaparece. O espírito sempre sente que acabou perdendo uma grande oportunidade, que é a vida em si. Precisamos dela para nosso aprimoramento. A vida na Terra não é uma maravilha, haja visto que são muito comuns casos como o seu, mas somente ela nos permite esta curta e dolorosa passagem para irmos depois para outros lugares, bem melhores.

— Se você é anjo, por que não tem asas? — perguntei.

— Não sou um anjo...

Manu continuava a responder a minhas perguntas, quando apareceu um velhinho bem risonho.

— Willian, este aqui é seu bisavô Manoel. Ele é o pai de sua avó Lydia.

— A vovó Lydia eu conheço — disse, desconfiado.

— Como você me achou? — perguntei a ele.

— Sabia que estava para chegar — respondeu.

— Sabia?

— Aqui nós sempre sabemos o que vai acontecer com pessoas de nossa afinidade — respondeu meu bisavô. Eu sei que você deve estar com medo, mas, creia, aqui é bem melhor do que lá. Aqui, nas Colônias, a vida é semelhante àquela que tivemos quando estávamos encarnados, só que temos permissão para desvendar muitos de nossos problemas. Para isso estudamos e compreendemos que o melhor está sempre por vir. Não existem limites.

— Por que vocês falam palavras difíceis?

— Você é pequeno, mas pode ter certeza de que nossas palavras logo serão compreendidas — concluiu o velhinho.

— Manu, por que só eu via você? — perguntei.

— Porque você me via com os olhos de sua inocência.

— E por que minha mãe não via?

— As pessoas, depois que crescem, se afastam de tudo aquilo que realmente importa. A vida, quase sempre cheia de vicissitudes, faz com que as crianças percam os valores mais preciosos, com o passar do tempo. Algumas pessoas até nos enxergam, mas são poucas. E quando chegam a nos ver, pensam estar loucas ou bem doentes, por isso não é comum alguém poder nos ver.

— Minha mãe viu você — disse olhando bem dentro daqueles olhos, que podiam desvendar qualquer pensamento.

— Eu sei. Seu pai também. Às vezes o estado de graça do espírito faz com que isso aconteça, mas você deve saber também que, quando eles me viram, ficaram assustados.

— É, ficaram, minha mãe sempre fala isso. E eu tinha uma tia que via você também...

— É, sempre estive perto de sua família. Alguns deles me viam, sim, mas apenas por alguns segundos. Eu me sentia muito à vontade perto deles, e o estado de graça que falo é quando as pessoas estão bem consigo mesmas, alegres, sem ressentimentos pela vida... Seus pais estavam neste estado de espírito quando puderam me ver.

— Minha mãe pode vir aqui me ver, Manu?

— Pode.

— Quando? — pela primeira vez eu sorri.

— Ainda hoje. Sei que sua mãe sente muito sua falta. Está cansada — respondeu.

— Como você sabe? Falou com ela?

— Não falei, mas a tenho visto comprando flores e indo até o cemitério. Fica por lá muito tempo. Depois vai à igreja e fica outro tempo. Passa seus dias assim — disse Manu.

— Willian, fique tranqüilo, sua mãe já recebeu um recado nosso sobre você — falou meu bisavô Manoel.

— Recado? — quis saber.

— É, primeiro mandei-lhe uma carta, dizendo que você estava bem, e que ela deveria ter fé para parar de chorar. Você sentia todo sofrimento dela. Disse que você caiu da janela porque havia ficado com medo, mas que com o tempo tudo ficaria bem — meu bisavô respondeu.

— Como mandou a carta? Agora não somos fantasmas?

— Não somos fantasmas. Somos espíritos. E a carta chegou até ela por meio de psicografia, que é recebida por algum estudioso do espiritismo, que pode nos ouvir. A gente fala, ele vai escrevendo, ou usamos suas mãos para escrever — continuou.

— Como minha mãe está?

— Ela está sofrendo muito, sente muito sua falta, mas as mães sempre são seres especiais para Deus, por isso Ele torna possível, algumas vezes, que haja encontros ou algum tipo de comunicação entre vocês, respondeu aquele velhinho de olhos que transbordavam simpatia e compreensão.

— Como nos meus sonhos? — perguntei olhando para Manu, que estava prestando atenção nas explicações de meu bisavô.

— Aquilo não foi sonho. Você foi até sua mãe mesmo. Seu corpo infantil ainda pensa como tal, mas logo vai deixar de ser e compreender melhor. O laço fraternal que os une é muito forte e, assim sendo, você ia mesmo até perto dela, tentando entender o que estava acontecendo. Deve ter notado que ela não o via, mas sentia sua presença. Entretanto, quem sentia na verdade era o espírito dela. Ele, sim, podia saber que você estava ali. Sabe, alguns dias depois do ocorrido, ela ouviu uma fita gravada onde você sempre falava e cantava, lembra-se disso?

— Sim, eu me lembro — respondi, recordando-me que nela gravava algumas músicas de que gostava, entrevistava todos que se aproximavam. Falava sobre tantas coisas. Minha mãe ainda podia ouvir minha voz...

— Então, ouvindo aquela fita, ela soube que você estava vivo em outro lugar e certamente junto de pessoas que o amavam muito também. Ela ouviu você chamando por ela. Ficou assustada. Não conseguia entender aquilo, mas logo se deu conta da existência do mundo paralelo. Ela enviou a fita para o Chico Xavier, e ele pôde constatar que realmente seus chamados ficaram impregnados na fita magnética — prosseguiu.

— Quem?

— Chico Xavier é um médium muito conhecido, tanto no Brasil quanto no Exterior. Dono de grandes faculdades paranormais, sua vida sempre foi baseada na doutrina espírita.

— O que é isso?

— A doutrina espírita é a crença na sobrevivência do espírito após a morte do corpo físico e o princípio da reencarnação.

— Você é isso?

— Todos nós deveríamos ser espíritas ou pelo menos procurar estudar algo sobre espiritismo ou espiritualismo, para, quando chegarmos aqui, não ficarmos sem entender nada. Mas como isso nem sempre é possível, quando voltamos para o mundo paralelo, ou mundo espiritual, temos que retornar até o começo para entender o que está acontecendo, pegar o fio da meada como se diz.

Meu bisavô Manoel continuava ali ouvindo, com o braço em meus ombros, e aquele gesto carinhoso foi me devolvendo a confiança. Para minha surpresa, outra senhora se aproximou e me deu um longo e carinhoso abraço. Seus olhos eram muito bonitos.

— Willian, sou sua bisavó paterna. Sou mãe de seu avô Antônio.

Fiquei fitando aqueles olhos tão iluminados... Meu avô Antônio sempre falava que sua mãe era cega e agora ela podia me ver.

— Fiquei cega, com certa idade, mas quando chegamos aqui tornamos a ter saúde, a ter visão. Todos os problemas de saúde, de quando vivíamos, chegando aqui desaparecem. Agora posso enxergar novamente.

— Tem mais alguém da família? — perguntei, achando graça.

— Tem sim — ela respondeu rindo e continuou.

— Alguns estão em outras colônias, nome dado a várias cidades daqui, outros já voltaram para a Terra.

— Como?

— Assim que chegamos podemos conviver com aqueles que nos foram caros na última encarnação, mas, com o tempo, cada um de nós toma um rumo e sai em busca de seus próprios interesses para aprimoramento pessoal. É por isso que retornamos. Aqui podemos saber se nos saímos bem na missão. A vida espiritual nos permite saber todo o passado. Enquanto estamos aqui, aproveitamos ao máximo. Aqui temos a oportunidade de aprender que esse progresso espiritual, é a única vontade de Deus: que todos sejamos iguais. Ele espera também que, de alguma forma, possamos ajudar as pessoas menos esclarecidas, mesmo aquelas de coração e mente endurecidos. É bem difícil estar junto dessas pessoas, tanto enquanto vivemos ainda encarnados como quando estamos aqui, mas é fundamental que o façamos. As pedras existentes em nossos caminhos são uma provação e precisamos ter muita força para ultrapassá-las e, assim, sair vitoriosos — respondeu minha *bisa*.

— Vocês viam a gente em nossas casas? — perguntei, já pensando em tudo que teria de perguntar de agora em diante.

— Sim, sempre que foi possível ou necessário — disse ela.

— Ninguém viu vocês?

— Seu avô Antônio até que me viu, mas se assustou e saiu bem depressa de onde estava — disse o *bisa* Manoel, sorrindo.

— É mesmo? O que ele viu? — perguntei.

— Ele bebia água na cozinha e eu estava andando pela casa, indo de um quarto para o outro para rever minha filha e meus netos. Então, escutei um barulho na cozinha e fui ver o que era. Acho que eu estava afoito e fiz algum barulho sem querer, aí ele olhou em minha direção e deu de cara comigo.

— E daí?

— Daí, seu avô largou o copo de água em cima da pia e rapidamente foi para seu quarto, muito impressionado — concluiu.

— Por que você não falou com ele? — insisti.

— Ele teria um ataque do coração... e ainda não era hora para isso...

Rimos até não poder mais.

Aquela reunião de família foi ficando cada vez mais interessante, meu *bisa* Manoel e minha *bisa* Antônia eram muito legais, e fiquei imaginando como seriam quando estavam encarnados.

— Você morava com meu avô? — perguntei para ele enquanto caminhávamos de mãos dadas naquele magnífico jardim.

— Morava. Eu fiquei viúvo e, a partir daí, sempre fiquei com eles até eu desencarnar.

— Viúvo? Cadê sua mulher?

— Ela já reencarnou novamente — disse ele comovido.

— Aqui é assim. Uns chegam, outros vão — continuou minha *bisa*.

— E a senhora?

— Também fiquei viúva bem cedo. Foi bem difícil enfrentar a vida com seis filhos, mas, graças a Deus, consegui. E quando eu tinha uns 60 anos, comecei a ficar cega. Coisas do destino. Um dia vamos sentar em algum lugar daqui e, com bastante tempo, vou contar minha história para você. A história de nossa família.

— Minha mãe conhecia vocês?

— Claro que sim, eu ensinei a ela como rezar, depois as primeiras letras — disse meu *bisa* Manoel.

— Rezar? Você me ensina também?

— Claro que sim — respondeu ele.

— Eu aprendi uma reza na minha escola, mas quando eu rezei para minha mãe ouvir, ela começou a chorar, aí não rezei mais.

— Como foi que rezou? — perguntou minha *bisa* Antônia, parando de andar. E todos ficaram na minha frente.

Cruzei minhas mãos e respeitosamente falei:

— Muito obrigado, papai do céu, pelo lanchinho que vamos comer, fazei com que todas as crianças do mundo tenham um lanchinho igual ao meu. Amém.

Os dois velhinhos ficaram com os olhos rasos de água.

— Tá vendo? Todo mundo chora quando eu rezo isso — concluí.

— É que é sempre muito emocionante ver uma criança pedir a Deus um mundo melhor. É só por isso — falou minha *bisa*, segurando minha mão novamente, e continuamos nosso passeio.

— Posso ir até minha mãe agora? — eu insistia.

Apesar de estar até gostando de minha nova vida, sentia muita falta da minha mãe, do meu pai, e a companhia de meus bisavós fazia com que eu quisesse revê-los para poder contar a grande novidade. É estranho quando desencarnamos crianças e encontramos parentes que não chegamos a conhecer em vida, mas sentimos uma velha e conhecida estima.

— Poderá, sim — concordou Manu.

— É mesmo?

— Você tem permissão para buscá-la, quando ela estiver dormindo.

Olhei para Manu, sem saber como faria aquilo.

— Quando ela estiver dormindo, iremos até onde ela está. Seu espírito é igual ao nosso. Poderemos conversar ou a traremos para cá, para que ela veja como é sua vida agora.

— E ela não pode ficar aqui também? Meu *bisa* disse que gosta muito dela.

— Não. Ainda vai ter que viver daquela maneira.

— E se ela quiser ficar?

— É bem provável que ela queira ficar, mas não poderá por enquanto. Ela ficará com você por alguns momentos, depois a levaremos de volta. Ela como sempre vai ficar na dúvida se sonhou ou esteve com você mesmo — respondeu Manu.

— Por quê?

— Porque neste momento ela não teria força suficiente para agüentar a emoção de vê-lo realmente. É melhor que seja assim, mas tenha certeza de que ela vai entender com o tempo.

— Como vamos até lá? — arrisquei.

— Você fará comigo um belíssimo passeio... Eu diria que iremos voando.

— Voando?

— A palavra certa não é voar, mas assim você pode entender melhor. Dê-me sua mão — disse Manu.

— Agora? Já é noite? — perguntei, esperançoso.

— Sim, na Terra já é noite. Está pronto?

— Meu *bisa* e minha *bisa* não vão também? — perguntei esperançoso.

— Hoje não. Numa outra vez...

Segurei sua mão, contente em poder ver minha mãe novamente. Acenei para os dois velhinhos que ficaram ali parados na expectativa. Pelo infinito, Manu mostrava-me a Terra lá embaixo. Do alto, eu a via como um grande contorno azulado. Chegando mais perto, podia ver as luzes das cidades. Era inacreditável. Hoje sei por que gostava tanto de ir ao parque, mais precisamente naquele aviãozinho. Era como aquele momento de liberdade total que eu experimentava, enquanto volitava. Manu caprichou em minha primeira viagem espiritual. Atravessamos o deserto, as florestas, os mares. Conheci o sentimento da felicidade real. Esse sentimento não era ter brinquedos ou ir a festas ou cinemas, comer doces e chocolates, ou ainda possuir tantas coisas materiais. Felicidade era essa liberdade que preenchia o imenso vazio de meu coração, era poder partilhar de momentos tão significativos com Deus, que estava em todas as partes. Meu coração disparava. Eu comecei a rir muito. Manu ria também. Afinal, esta era sua meta, que eu estivesse bem, para somente depois irmos até onde minha mãe estava.

— Quer descer agora? — perguntou.

Fiquei na dúvida. Ao me lembrar de mamãe, fiquei triste. Queria que ela estivesse comigo. Ela iria vibrar de felicidade e eu queria muito que ela fosse feliz. Manu então continuou comigo naquela experiência incrível, para que me fortalecesse de fato, antes de ir até ela.

— Manu, minha mãe também vai voar com a gente?

— Podemos trazê-la sem que ela saiba como.

— Por quê?

— Você não pode fazer tudo o que eu quiser?

— Mais ou menos... O que você quer?

— Queria poder buscá-la em um cavalo branco bem bonito.

— Por quê? — ele ficou perplexo.

— Para ela nunca mais esquecer... Vi isso num filme, mas era uma bicicleta que voava, levando alguns meninos e na frente ia um ET. Minha mãe sempre chorava quando via esta cena, e ficava falando dela para mim...

— É cada uma que me aparece... Está bem... Está bem.

— Hum! Hum! — fiquei em êxtase.

Fomos a um lugar em que havia vários animais. Fiquei com receio, apesar da ansiedade.

— Pode subir! São muito mansos — disse Manu.

Num piscar de olhos, eu estava em cima de um cavalo branco. Fiquei fascinado com aquilo. Percorremos então um longo caminho.

Manu já não estava comigo, mas, quando dei conta, encontrava-me naquele quarto que fora meu um dia. Vi minha mãe deitada e senti uma grande emoção. Dei-lhe um beijo e ela pareceu despertar. Em segundos, ela deixou aquele corpo pesado deitado no colchão e sorrindo me abraçou. Peguei em suas mãos e ela, sem dizer nada, me acompanhou. Num piscar de olhos estávamos em cima do belo animal, que nos aguardava ali mesmo, e saímos em direção ao mundo paralelo.

Willian Leva sua Mãe a um Belo Passeio na Colônia

Ela também ficou fascinada com aquilo. Percorremos mundos desconhecidos, mas perfeitos em beleza e harmonia. Ruas estreitas, onde as casas eram feitas de pedrinhas cor de areia. Tudo tinha aquela coloração especial, que somente era diferenciada nas plantas, nas quais um verde fosco prevalecia. Eu havia estado ali antes, mas parecia apenas uma vaga lembrança. Devia já ter visto tudo aquilo, e em júbilo pude reviver os inúmeros mundos paralelos, no Universo. O cavalo galopando ia se desviando nas curvas, de ruelas, com piso brilhante. Ele parecia correr em câmara lenta. Algumas casas tinham pedras multicoloridas. Parecia que eram feitas de balas e doces. Os olhos de minha mãe brilhavam. Ela continuou abraçada comigo por todo o tempo em que estivemos juntos. Ela ria dando gritinhos de felicidade. Sem dizer nenhuma palavra, acompanhou aqueles momentos únicos, onde eu era seu guia.

Não sei onde poderia ter ido Manu. De qualquer forma, eu a deixei de volta em nossa casa. Quando chegamos, ela fez menção de querer ficar ou voltar comigo, mas Manu logo apareceu e novamente ela ficou naquele corpo, que havia estado deitado durante o tempo que ficamos juntos...

— Mãe, volto amanhã — disse, beijando seu rosto sereno.

Manu chegou junto a mim e com a imposição das mãos orou por ela. Num piscar de olhos, estávamos novamente no mundo paralelo. O Sol brilhava. Muitas crianças chegavam, ainda adormecidas, nos braços de outros anjos como Manu. Assim como eu chegara um dia...

Voltei outras noites. Minha mãe, logo que anoitecia, sentia muito sono porque, inconscientemente, sabia que eu iria buscá-la. Ficava feliz junto a mim. E quando chegava a hora de nos separarmos, sempre me abraçava. Sentia seu calor e perfume. Eram tranqüilizadores aqueles encontros. Para ambos...

Uma noite, porém, eu não pude ir buscá-la. Fiquei muito aborrecido, mas Manu disse que seria melhor assim. Fiquei naquele gramado junto às outras crianças. Uma das moças se aproximou de mim e me deu a mão. Meio contrariado, fui acompanhando. Ela começou a cantar uma música muito conhecida pelas crianças. Fiquei emocionado, mas aos poucos comecei a brincar e correr, como tantos outros faziam. E finalmente pude sentir uma imensa alegria por estar ali, apesar de tudo. A cada passo eu sentia uma enorme felicidade. Cheguei bem perto de ninhos que os pássaros faziam. Também encontrei durante aquele percurso todos os tipos de animais. Eles chegavam bem perto de nós. Ali não existia medo. Ninguém ameaçava o que quer que fosse. De repente escutei meu nome. Alguém me chamava.

Olhei para trás e pude ver minha mãe junto a uma porta e uma janela, inexistentes até então. Ela conversava com Jessé, o encarregado que atendia essas visitas inesperadas, enquanto ficava me procurando com os olhos. Notei seu desapontamento. Ele logo depois fechou a porta. Vi quando o rosto dela apareceu em uma enorme janela. Fiquei ali parado com uma profunda dor no coração. Acenei. Depois, Clara, a moça responsável pelas crianças, me chamou carinhosamente. Acenei para minha mãe algumas vezes, enquanto ia em direção das outras crianças. Eu caminhava um pouco e parava para olhá-la. Minha mãe permaneceu ali até perder-nos de vista. Parecia desolada. Sabíamos que não seria mais possível nosso costumeiro passeio, e por alguma razão bem mais forte do que o grande amor que nos unia. Sei que minha mãe acordou pela manhã, pensando no sonho que tivera e, por inúmeras vezes, naquela época, ela pediu que eu retornasse para buscá-la naquele cavalo branco. Mas não pude fazê-lo mais.

Foi nessa ocasião que descobri que os animais também possuem espírito, assim como nós. São nossos irmãos menos evoluídos e aqueles que são domesticados pelo homem estão em pleno processo de transformação. Esses animais ficam conosco no mundo paralelo, porque sua companhia nos traz sempre bem-estar e alegria. É o caso daquele cavalo branco, que me levava para ver minha mãe. Os animais ainda selvagens retornam outras vezes da mesma forma, e depois, com o passar do tempo, como seres mais dóceis, após um merecido descanso, já que infelizmente a grande maioria das pessoas não contribui em nada para que isso possa ocorrer de outra forma, ou seja, mais rapidamente. Os animais, depois dessa lapidação espiritual, tornam a nascer já como humanos. Talvez seja essa a explicação de algumas pessoas possuírem características de certos tipos conhecidos, tanto físicas quanto morais. É bem grande o erro das pessoas que escravizam, maltratam ou os colocam em confinamentos, porque, além de retardar esse processo natural evolutivo, atrapalham bastante a própria evolução humana. Como no caso de serem mortos com crueldade, para depois serem saboreados. O homem não necessita de carne para sobreviver; inclusive o consumo dessa espécie de alimento é muito prejudicial para todos. Jesus e outros profetas conhecidos utilizavam em sua dieta outros tipos de alimentos. Deus fez o mundo para que todos possam conviver em paz e usufruir seus feitos.

Eu não sabia quando era dia ou noite. Quando me sentia cansado, deitava-me. Ainda era costume de minha passagem terrena. Não sentia fome ou qualquer vontade. Quando desencarnei, eu ia completar seis anos, e as crianças se acostumam com mais facilidade. Não possuem qualquer tipo de vício. São conduzidas facilmente pelos mentores. Comigo não foi diferente. Aprendi que a água era o mais precioso alimento para o espírito. Ela tem propriedades curativas até mesmo para os encarnados, desde que seja pura, é claro. Não usamos mais os mesmos alimentos no mundo paralelo, exceto, a princípio, quando os adultos chegam ainda muito habituados a comer alimentos sólidos. Então sempre servem verduras, frutas e legumes. Nada dos animais é usado, em hipótese alguma. E depois, com o passar do tempo, os desencarnados passam a utilizar somente a água magnetizada. Quando estava com Manu, ele ia me explicando o que viria depois ou o que já havia sido, e isso me distraía; sempre fui esperto e curioso, aqui não deixei de ser assim.

— Manu, o que minha mãe está fazendo agora? — perguntava, enquanto andávamos pelas ruas, depois que saía da escola de evangelização que eu passei a freqüentar.

— Deve estar trabalhando.

— Como você sabe?

— Porque, quando fecho os olhos, posso ir até onde ela está e a vejo trabalhando em casa.

— Ela lembra-se de mim? — quis saber.

— O tempo todo.

— Ela sente saudades?

— O tempo todo.

— Por que não posso vê-la?

— Ela precisa se fortalecer mais. Está ainda muito frágil para um novo encontro com você.

— Eu agora sou que nem o Gasparzinho?

— Quem? — perguntou incrédulo.

— Gasparzinho, o fantasminha camarada.

— Não sei o que responder...

— Posso fazer o que ele fazia?

— O que ele fazia?

— Ia lá na Terra fazer amigos e, quando encontrava alguém que fosse mau, ele assustava...

— Não acredito que você assustaria alguém!

— Por quê? Eu assustaria sim — disse rindo.

— Você é um garoto muito bom. Iluminado. Sua aura é esplêndida, luminosa — respondeu Manu.

— Por que sempre você fala coisas que eu não entendo?

— Por que você faz tantas perguntas?

— Aqui é bem bonito, mas eu ainda preferia ficar com minha mãe...

— Eu sei, mas procure esquecer este passado imediato... Não sou uma boa companhia? E seus bisavôs?

— É... Gosto de todos, mas...

— Aqui você vai estudar para entender a evolução da humanidade.

— O que é isso?

— Willian, você reparou nos seus pés?

Olhei então para meus pés. Eles pareciam maiores. Achei graça.

— Willian, aqui o relógio do tempo é diferente, mas o tempo também passa. A partir de agora você vai crescer todo dia um pouco.

— Por quê?

— Porque as crianças chegam pequenas, mas crescem, se assim desejarem. O espírito, seu *eu* verdadeiro, vai querer ir sempre adiante. Descobrir segredos. Cada vez mais o estudo esclarece pontos obscuros de nossa existência. É a lei natural. Uns demoram mais tempo; outros, assim como você, logo querem saber o quê, quando e o porquê de tudo acontecer. Muitas dúvidas são esclarecidas. Chegará a hora em que você vai se olhar em um espelho e não vai mais se conhecer. Esse momento está próximo.

— Vou ser grande? — perguntei.

— Adulto — respondeu meu mentor.

Não perguntei mais nada. Manu sempre complicava.

Voltamos outra ocasião para ver minha mãe. Ela havia mudado de casa. A nossa fora vendida. Olhei para nosso quarto, a sala, a pequena cozinha. Tudo estava diferente. Um casal de estrangeiros morava lá. No quintal, ainda havia as plantas que minha mãe gostava, e eu às vezes molhava com uma mangueira. No fundo, o lugar coberto com a churrasqueira abandonada. Lembrei-me com uma pontada no coração meus dias vividos ali. Havia festa e alegria. Agora minha mãe tinha deixado aquele lugar.

Manu me explicou que era melhor assim. Ela precisava seguir sem minha companhia, e era bem difícil retomar a vida naquele lugar, onde existiam tantas lembranças.

Saímos dali e fomos ver onde ela estava. Ela ainda morava no mesmo bairro, mas em outra rua. Eu a vi na sala. Escutava música. Ela deve ter percebido minha presença, porque seus olhos ficaram cheios de lágrimas e ela olhava por toda a sala, como se, de repente, pudesse me ver. Eu estava bem ao seu lado, mas ela não me via. Pude me aproximar e beijá-la.

— Ah, mãezinha, que saudades!

Como era bom estar ali junto a ela. De repente, ouvi um choro... Ela logo limpou os olhos e foi até o quarto. Acendeu a luz e pegou uma criança do berço. Fiquei estático. O que era aquilo? Ela acalentava a criança como havia feito comigo e esse gesto encheu meu coração de dor, por não mais poder estar ali...

— Manu, ela já não se lembra mais de mim? — perguntei.

— Ela não vai esquecê-lo nunca, mas precisava de outra criança para não adoecer de tristeza.

— Como sabe disso? Ela não mora mais em nossa casa. Agora tem outro filho. Ela não se lembra mais de mim — falei aborrecido.

— Calma... Não é assim. Você não sentia muita pena dela quando veio para cá? Não queria vê-la chorando... Por que agora está tão desapontado? Você sempre fará parte da vida que sua mãe tenta reconstruir — explicou Manu, ao me ver triste.

Foi difícil entender que nada havia mudado entre nós. Eu queria estar lá com ela. Por que eu tinha morrido? Por que eu não podia viver mais? Eram perguntas que me corroíam a alma constantemente. Revolta e dor. Por que eu não podia mais fazer parte de sua felicidade? Eu tinha tantas esperanças. Minha mãe tinha tantos planos para nós... Eu queria poder voltar. Queria poder acordar, e ver que tudo aquilo não havia acontecido. Mundo paralelo... Pensativo, fiquei ali observando minha mãe e a criança.

— Você pode ver seu irmão? O Willian... — minha mãe conversava com a criança que sorria para ela.

E ela continuou.

— Você tem um irmãozinho. É o Willian. Agora ele mora lá no céu... Ele é um lindo menino. Um anjo... Agora ele é um anjinho... Acho que sempre foi um anjinho...

Ela conversava com a criança e seus olhos deixavam as lágrimas escorrer. Ela então pegou a menina e abraçou-a, beijando repetidamente. Na sala havia um desenho que eu havia feito na escola. Estava em uma moldura. Fiquei ali enquanto ela dava mamadeira para minha irmã. IRMÃ! Não havia pensando ainda que aquela menina era minha irmã. Minha mãe havia se casado com aquele namorado, mas, mesmo sendo de outro pai, ela era minha irmã. Fiquei olhando para as duas. Embora ela fosse mãe novamente, eu não fora esquecido. E assim fui percebendo que algo tinha mudado. Eu e meus sentimentos tinham se modificado completamente. Lembrei-me de Manu e olhei para meus pés. Eles estavam bem maiores. Procurei um espelho. Vi um rapaz. Pisquei os olhos e lá estava aquele jovem. Era eu. Havia crescido de fato.

— Se minha mãe pudesse me ver, eu pensava...

Fui para junto delas e beijei uma e depois a outra. Tocou a campainha. Eram meus avós. Ficaram ali perdidos em pensamentos, enquanto olhavam para a garotinha, ainda cheios de saudades do menino que fizera aquele desenho que agora enfeitava a parede.

Manu aproximou-se com aquela cara de quem não quer nada. Abracei meu amigo. Antes de irmos embora dei uma olhada em uma folhinha. Era 1987, fazia três anos que partira dali.

Volitamos para onde eu havia ficado até então, e permaneci ainda naquele quarto infantil. Calado, no começo, mas depois não resisti.

— Manu, como pude virar um adulto? Ainda há pouco...

— O tempo agora é bem diferente. A cada descoberta ou aprendizado passamos para uma nova etapa... Mas, de agora em diante, temos coisas mais importantes para fazer. Deixe que eles continuem suas vidas. Você não vai esquecer sua família, e nem eles de você. Porém, também vão procurar respostas no devido tempo e, aí, você mesmo poderá orientá-los — respondeu meu amigo.

— Noto que não foi somente a mudança externa que aconteceu. Parece que começo a entender — disse eu, pensativo.

Willian Irá para uma Nova Colônia onde Viverá como se Estivesse na Terra

— Hoje, vamos para outra colônia. Aqui ficam somente as crianças, o que não é mais o seu caso. Em pouco tempo você poderá discernir a real finalidade da vida. Vamos! É bem perto daqui. Você vai morar com seus parentes e amigos.

— Por que somente agora?

— Aqui ajudamos todos a se recuperar do trauma inicial. Aos poucos, vão deixando de ser pequenos e voltam à sua vida original, que é espiritual.

— Manu, quais são os planos de Deus?

— Muitos. Ele tem consciência que seremos perfeitos um dia. Quer que saibamos que nada é por acaso e que fatos como os que você viveu juntamente com sua família são percalços que nós mesmos procuramos.

— O que eu sou? Quem eu sou? — insisti.

— Deus fez a vida à sua semelhança. Nós, os espíritos, quase sempre fazemos, falamos e vivemos como queremos. Temos o chamado livre-arbítrio. Apesar de sabermos o que é certo ou errado, parece que sempre fazemos escolhas bem diferentes do que Ele imaginaria. Teríamos que ser perfeitos, mas infelizmente não somos. Fazemos quase tudo errado... Sofremos por nossa culpa. É bem difícil darmos o passo certo. Agimos mal na maioria das vezes, não temos limites...

Manu fez sinal para que eu o acompanhasse. Deixei aquele lugar onde havia somente crianças, e depois de percorrermos um caminho desconhecido, chegamos a uma grande cidade. Era como a que eu conhecia na minha ida para a Terra, mas tudo também em perfeita harmonia. Sem exageros, as cores, o céu, o mar.

Caminhamos à beira-mar. Eu vestia calças e camisa e estava com sapatos. Pedi para Manu se era possível andar descalço. Ele concordou achando graça da minha preocupação.

— Aqui você pode andar até nu — disse rindo.

— Não chegaria a tanto — respondi, enquanto ia me livrando da camisa e da calça, largando tudo pelo caminho, onde nossos passos eram registrados na areia, para depois o mar lavar aquele percurso.

Pude sentir novamente a areia sob meus pés. Morna. Ainda mais fina do que eu podia lembrar que fosse. Não pude deixar de andar mais e mais depressa até que corri muito, dando gritos de felicidade. Sentia-me livre. Sabia estar com Deus. Sabia ser parte de Deus. Entrei naquele mar de águas azuis onde se podiam ver peixes e os mais variados tipos de animais marinhos. Era como havia imaginado poder fazer um dia, em minha vida. O mar calmo e convidativo fez com que Manu entrasse também. Pela primeira vez, vi Manu divertindo-se como criança. Nadamos e depois boiamos enquanto conversávamos. As gaivotas com seu grito mágico nos rodeavam.

— Manu, quem é você?

— Sou um mentor. Desde que você foi concebido, pedi para ficar ao seu lado até o final.

— Por quê?

— Você é e continua sendo uma pessoa muito importante para mim, e eu quis que essa experiência fosse igualmente boa para nós dois.

— Manu, por favor, me explique com mais clareza — pedi.

— Freqüentemente o espírito torna a nascer no meio em que já viveu, para poder ter a mesma experiência, necessária para seu adiantamento. Na verdade, nunca perdemos nossa identidade. Inconscientemente sabemos por que estamos tendo a vida corporal. A falta da lembrança é porque poderia ser difícil e sofrida. E assim perder a utilidade.

— Não posso lembrar de nada, a não ser que eu fui um garotinho chamado Willian.

— Vai recobrar suas lembranças. Há um tempo certo para tudo. Aqui no mundo paralelo, dependendo do grau de evolução que o espírito atinge, por meio de estudos e meditações, ele por si mesmo conquista este direito, sem que haja alguma reação, a não ser resignação e compreensão.

— É difícil atingir esse grau? — indaguei.

— Não, se pensarmos em termos gerais. Somos donos de nossos destinos, mas abusamos desse poder. Por isso, contrariando as más influências que, às vezes, nos atormentam, temos que seguir o que é direito e justo. Para depois, mais tarde, não temer o carma que será preciso enfrentar.

— Você atingiu essa perfeição? — perguntei.

— Ainda não. Assim como você, minha estrada no mundo é bem grande, mas houve perdas e danos. Quando encarnamos, esquecemos de tudo que aprendemos, para poder começar de novo. Aí a vida fica por nossa conta. Então acertar sempre é uma nova opção. Às vezes erramos sem qualquer culpa, por ingenuidade ou sem segundas intenções, e isso também é visto por Deus. Mas na maioria das vezes, no instante de uma atitude errada, já sabemos e persistimos. Todos nós chegamos aqui sem saber exatamente o que aconteceu; com o tempo achamos que merecemos o melhor, que somos bons, e não é bem assim. Não é essa a atitude que Deus espera de nós.

— Que atitude Ele espera? — perguntei.

— Que cada indivíduo seja conhecedor de um bem, que é a humildade. Nenhum de nós é melhor do que o outro. Somos de fato irmãos. Uns, porém, demoram mais para perceber isso, e continuam ainda aqui cheios de orgulho e soberba, em nome de Deus.

Ri da explicação de Manu e quase engoli água. Voltamos para a praia e ficamos um longo tempo sentados na areia, enquanto observávamos aquele infinito mundo paralelo.

Caminhamos depois pela areia até chegar à cidade, onde havia ruas, alamedas, casas, jardins, casas de repouso, escolas e centros comunitários. As ruas estavam cheias de pessoas, quase todas com algum tipo de ocupação. Elas levavam suas vidas como quando estavam encarnadas. Cada uma delas procurava dar o melhor de si. A Terra estava longe mesmo de ser como o mundo paralelo, eu pensava, enquanto caminhávamos, olhando tudo o que era possível. Meu coração ainda estava dolorido, depois da separação corporal da última encarnação, mas procurei encontrar todos os caminhos possíveis, para me encontrar nesta grande meta, a que me propus. Queria melhorar. Faria o possível para entender, a fundo, a finalidade de existir. Ser. Sabia que estava longe da perfeição, mas não desejava voltar para trás, queria seguir em frente.

— Isto o que é? — perguntei quando passamos em frente a um prédio repleto de janelas.

— Quando morremos, ou melhor, desencarnamos adultos, quase sempre é aqui que ficamos por algum tempo.

— Por quê?

— Porque também quase sempre os adultos chegam cheios de sofrimentos, e incertezas. Essas vibrações de medo aos poucos vão sendo diluídas, para que assim eles possam se libertar de fato.

— Todos vêm para cá?

— Nem todos. Alguns já sabem o que vai acontecer. Logo se adaptam indo direto para as suas casas nas colônias. Outros, apesar da surpresa inicial de verem que aqui é como lá, ficam felizes e aliviados por estar aqui novamente. Aqui normalmente ficam aqueles sem fé ou esperança, os que de alguma forma deixam de acreditar na existência de Deus.

— Quanto tempo ficam aqui?

— Depende de cada um — respondeu, e fez sinal para que continuássemos nosso caminho. Manu ia à frente. Eu estava embevecido. Aquela paz. Encontramos aquele velhinho, meu bisavô Manoel, na porta de uma singela casinha pintada de amarelo.

— Então, já se acostumou? — perguntou para mim.

— Mais ou menos. Ainda sabe quem eu sou? — perguntei, referindo-me à minha nova aparência.

— Sempre sabemos. Não seria diferente com você — respondeu sorrindo.

Acho que Deus teria aquele rosto, pensei.

— Não. Não teria — respondeu ele.

Eu sempre me esquecia de que, no mundo paralelo, as pessoas, além de se comunicar com palavras, também se entendiam por pensamentos. Fiquei envergonhado, mas continuei curioso.

Fiquei ali parado, olhando tudo o que acontecia à minha volta.

— Daqui a pouco volto para te buscar. Pode entrar... Por enquanto esta é sua nova casa — disse Manu, e foi embora com pressa.

Meu bisavô, colocando o braço em meu ombro, me acompanhou até lá dentro, onde já estavam minha bisavó e outras pessoas, de quem eu não me lembrava.

Tudo era extremamente agradável e aconchegante. Perdido em meus pensamentos fui levado para onde seria meu quarto. Ali eu poderia ficar sozinho para estudar, orar, meditar... Enfim um espaço, mas onde eu começaria a colocar minha existência à prova.

Cheguei perto de um espelho e, atentamente, fiquei observando minha imagem. Como podia ser aquilo? Quem era eu, afinal? No reflexo do espelho, sem poder acreditar, comecei a ver a imagem de uma longa ponte. Fechei os olhos.

Vi dois jovens militares. A passos largos e decididos caminhavam, enquanto riam e conversavam. Entraram depois em um avião de caça e levantaram vôo. Durante o vôo, um deles fazia manobras arriscadas e ria do outro jovem aviador ao seu lado, que sentia medo. Ele ria até não poder mais. Aquele som de seu riso cada vez foi ficando mais alto e nítido. Pude reconhecer que o piloto que fazia aquelas manobras arriscadas também era eu. E que continuava a fazer aquelas loucuras no ar. O outro rapaz pedia para que eu parasse com aquilo. Eu, porém, não atendia seu pedido. E depois de um longo tempo, finalmente aterrissamos em segurança. Já em terra firme, perdi o humor e começamos a discutir. O rapaz foi logo ao encontro de outro militar que, sem demora, chamou a nossa atenção...

Abri novamente os olhos em frente ao espelho. Por alguns momentos, não tive coragem de fechá-los, mas, mesmo assim, uma situação desconhecida fez com que eu continuasse a ter aquela visão. Vi quando novamente entramos em um avião, mas separadamente. Vi minha fisionomia sombria de raiva e ressentimento. Ficamos sentados longe um do outro, aguardando a vez para saltar de pára-quedas. Lá embaixo podia-se ouvir o bombardeio. Estávamos em guerra. Usávamos uniformes alemães.

Nosso comandante chamava um por vez para saltar. Foi quando, então, num gesto insano, aconteceu o que vergonhosamente eu podia lembrar naquele momento. Nervoso por ter sido chamado à atenção, na primeira oportunidade empurrei aquele que fora meu amigo até então para fora do avião, sem que ele tivesse alguma chance de abrir seu pára-quedas.

Comecei a chorar, quando percebi que Manu estava ao meu lado.

— Manu, o que fiz?

— Você foi piloto de um avião de caça. Foi na época da 2ª Guerra. Sua penúltima encarnação. Você tinha um grande amigo, mas era irremediavelmente brincalhão. Fazia somente loucuras. Esse seu amigo, de nome Gerard, era muito medroso e você fazia questão de impressioná-lo.

Discutiram uma vez e ele se queixou de suas atitudes. Assim você foi impedido de pilotar novamente. Ficaram dias sem sequer se olhar. Você não gostou nada do que ele havia feito. Quando se encontraram novamente, discutiram, e em um ato tresloucado, jogou-o para baixo, em pleno vôo.

Fiquei atordoado.

— Como fui capaz de fazer isso? — eu repetia sem parar.

Manu começou a orar por mim, para que assim me acalmasse.

— Willian, isso foi há muito tempo. Já passou. Por isso você despencou da janela desta vez. Você mesmo quis que fosse assim. Foi sua escolha voltar mais uma vez para a vida na Terra e regressar dessa maneira. Por isso eu o acompanhei.

— Como?

— Você viveu ainda alguns anos depois daquela tragédia, mas não teve mais paz. Acabou desencarnando por causa de seu coração que não suportou o remorso. Ficou deprimido e atormentado. Seu ato foi considerado, erroneamente, acidente, por causa do posto que sua família ocupava na sociedade local. Quando você desencarnou, ficou muito tempo chorando arrependido e pediu para que sua falta fosse sanada da maneira que já conhece.

— E esse outro militar? Gerard?

— Gerard, quando desencarnou, logo foi socorrido. Era um rapaz alegre, de boa índole. Ficou triste por causa da família, que sofreu muito com sua morte, mas o tempo fez com que perdoasse o gesto do piloto Willian. E quando Willian desencarnou, ele mesmo fez o possível para serem amigos novamente.

— Willian? Você disse Willian?

— Sim. Este era seu nome. Nas suas duas últimas vidas, você teve o mesmo nome.

Fechei os olhos e me lembrei perfeitamente o que havia acontecido. Eu o empurrara lá de cima. Sua última palavra havia sido: mãe... Sua mãe desfalecera ao saber, e eu me arrependi muito do que fizera, mas já era tarde. Minha vida a partir daquele momento nunca mais foi a mesma. Apesar da influência de minha família para que eu não fosse preso, tornei-me um ser humano cheio de tristeza e amargura.

— Não pude realizar meus sonhos e planos. Bebia. E acabei desencarnando cedo ainda — ponderei.

Quando eu encontrava a mãe de Gerard, não conseguia chegar perto, logo me afastava num gesto de repulsa. Depois a figura daquela mulher tão sofrida não me saía da mente. Meus pais fizeram de tudo para consolarme, mas não houve palavras que me libertassem do remorso. Meus pais.

Meu pai era como eu sempre havia sido até então, altivo e cheio de orgulho. Minha mãe era fútil e nem se importava com o que seu filho havia feito. Nem se comoveram com a dor da pobre mulher que perdera o filho por minha culpa. Achavam que eu, por ser herdeiro de um conhecido sobrenome e de muito dinheiro, podia ser perdoado, sem qualquer problema. Será que os meus pais eram os mesmos? Será que por isso conheceram o outro lado? Como não haviam se importado com o acontecido anteriormente, provavelmente também quiseram reparar seu erro da mesma forma. Enquanto eu fiquei prostrado, Manu falou cheio de resignação.

— Pode ser que seus pais sejam os mesmos.

— Isso foi para também conhecerem o mesmo sofrimento. E agora o que vai acontecer com eles?

— Bem, isso só o tempo dirá. Não sou Deus. Conheço a história até aqui, mas acredito que, de agora em diante, serão pessoas bem diferentes. Viver e ter fé apesar da dor. É um grande aprendizado para qualquer ser humano.

— E esse tal de Gerard? Se eu o visse o reconheceria? Será que ele me perdoou de fato?

— Com toda a certeza. Ele também não era nenhum santo, como vocês dizem na Terra. Se isso aconteceu com ele, certamente também arranjou motivos para que assim fosse.

— O que vai acontecer comigo agora? Não cheguei a viver seis anos. Será que me redimi de tantos erros? — perguntei curioso.

— Quando se regressa criança ainda, é porque só faltava pouco para passar para uma nova etapa da vida. O remorso verdadeiro é um grande remédio — concluiu Manu.

— Manu, e você? Por que está aqui? De onde vem? — quis saber.

— De muitos anos atrás. Já vivi muitas vidas, mas, na verdade, me identifico mais com a que tive na Índia, por isso você sempre me vê assim, apontou para suas vestes.

— Vai continuar assim? — perguntei, já mais calmo.

— Não. Logo iremos embora daqui. Você já deve saber que na casa do Nosso Pai existem várias moradas.

Depois de tantas revelações, fiquei ali orando. Por mim, por Gerard e por meus pais. Todos nós estávamos ligados no mesmo aprendizado Como eu queria poder mudar o que havia sido feito. Eu queria muito ajudar meus pais que, sem saber, talvez estivessem sendo vítimas de seus próprios erros. Fiquei muito tempo orando por todos nós. E agradecido a Deus, pela lei da reencarnação. Ela nos concede uma nova oportunidade para reparar erros cometidos, e assim podermos ir em frente em nossos propósitos.

O Espírito de Willian Aprende o Verdadeiro Significado de Viver Bem

Comecei meus estudos espirituais, filosóficos e científicos. Debruçado sobre livros, perdi a noção do tempo. Fiz amigos e reencontrei pessoas que haviam sido parte de minhas outras famílias. No mundo paralelo todos tinham a mesma freqüência energética. E a vida era muito parecida com a que ainda lembrávamos, mas que nem sempre era com saudade. Podíamos notar nossos erros mais banais. Atitudes que nem sempre eram razoáveis. Aqui não existe nenhum sentimento contrário no coração das pessoas, que sabem que estão ali por tempo indeterminado. Sabem que estão aptas para ajudar de alguma forma os que ainda continuam na Terra. Daqui pode-se ver tudo o que acontece, mas não temos permissão para interferir diretamente, porque sabemos que tudo tem sua razão para acontecer, embora façamos o possível para abrandar qualquer tipo de sofrimento. Alguns logo voltarão para a Terra, a próprio pedido ou porque era mesmo necessário. Esses espíritos, infelizmente, encontram grandes lutas pela frente, assim como eu. Outros ainda permanecem no Umbral (onde eu fiquei quando cometi aquele ato tresloucado). É preciso ter muita fé e coragem para querer enfrentar as conseqüências, e nem todos se encontram preparados. Ficam ali perdidos, até que eles próprios se perdoem e queiram de fato ser perdoados. Que, na realidade, é um dos pontos mais importantes para o nosso espírito aprender.

Já como um ser espiritual mais ou menos esclarecido, pude acompanhar de fato Manu por diversas partes do mundo. Atravessamos todos os continentes. Havia gritos de socorro por toda a parte. Gemidos e lamentos. Esqueci do que havia sido minha vida até ali. Sentia-me disposto e confiante. Minha mãe orava por mim quase o tempo todo. E eu sempre vou ser grato por seu constante amor e dedicação. Suas orações foram um bálsamo, me ajudaram a logo entender o que havia acontecido, me abriram os olhos e a mente. E embora pareça que somente tive surpresas desagradáveis, não foi assim. Tive força para compreender o essencial — causa e efeito. E os bons amigos espirituais sempre estiveram comigo. Amparando-me e ensinando-me. O começo difícil logo foi dissipado por um constante e imenso amor de todos.

Jesus. Logo que desencarnei, minha mãe sempre pedia a Ele que me levasse pelas mãos. E, por várias vezes, Ele se aproximou de mim para atender suas súplicas. Um espírito iluminado de infinitas proporções de beleza, bondade e sabedoria. Eu caminhava em Sua companhia embevecido por conhecê-Lo e contente porque Ele não estava naquela cruz, como muitos ainda acreditavam. Descobri, naquela ocasião, que fora Ele quem amparou minha mãe, naquele dia em que voltei para o mundo paralelo. Como ampara qualquer um que necessite de Seu consolo.

Deus. Pai de todos que crêem Nele e também daqueles que não creêm. Transforma-se conforme a necessidade. Também é a força vital que todos nós possuímos, sem nos dar conta. Quando está furioso com as maldades do homem torna-se o vento, a tempestade e o raio implacável. Ou um sol escaldante, um frio arrasador, terremoto, maremoto. Até mesmo a fome que mata e também a miséria e a dor, sempre quando os seres humanos ultrapassam os limites de Sua longa tolerância. E os homens continuam sem se dar conta disso. Destroem tudo à sua volta, e depois ajoelham-se diante de tantas imagens pedindo ajuda, para seus atos insensatos. O desmatamento está sendo a grande tragédia da humanidade. O ar impuro para o frágil corpo material já dá seu retorno em termos de qualidade de vida. Tudo que existe na natureza foi planejado por Deus, porque é necessário para a sobrevivência do homem. A partir do momento em que tantas invenções inúteis estão contribuindo para seu consumo desenfreado, tudo pode acontecer. E são esses mesmos homens que estarão vivendo na Terra quando isso estiver prestes a explodir. Esses espíritos egoístas que, por amor à ganância, destroem, terão o retorno de seus atos insanos.

Deus também é aquele que sabe quando chega a hora de parar. É aquele que com muita paciência sabe que o tempo apaga e transforma todas as amarguras. Esse milagre é amor universal, é Deus. Tudo o que é conhecido aos olhos do ser humano foi elaborado para que ele possa pensar na sua pequenez, mas também no quanto ainda poderá crescer. O ser humano precisa verdadeiramente aprender o significado de viver. Não adianta ficar dentro de igrejas, templos ou qualquer outro local atrás de religião ou ler sem parar livros religiosos ou filosóficos, se, no final, ele não vive de acordo com aquilo que aprendeu. Quando todos os homens da Terra tiverem coragem de realmente agir como sua consciência manda, o mundo deixará de ser tão cheio de sofrimento. A Terra é um planeta estipulado para ser usado para fins de enriquecimento espiritual e de conhecimento. A ciência, embora muito distante de grandes descobertas, colabora para que os seres humanos aprendam com sua evolução. O homem possui inteligência para isso. O progresso da humanidade em todos os sentidos é a meta para que Deus possa incluir a Terra em um novo patamar. Não é difícil cultivar apenas as virtudes, basta querer. Deus é a força que procura dissolver os erros e enganos de que o nosso espírito necessita para ter coragem de voltar ao mundo paralelo, sem deixar, atrás de si, rastros que não podem sem apagados.

Deus não combate qualquer religião; sabe que o homem precisa dela para seu fortalecimento, mas saibam que a reencarnação é a lei pela qual todos passamos. Vivemos sucessivas vidas terrenas, enquanto nosso espírito procura aceitar sua evolução no plano intelectual e moral para expiar seus erros passados. Nosso espírito é envolvido pelo perispírito que conserva nossa memória após a morte, e assegura identidade individual e é assim nossa aparência depois do desencarne. Guardamos todos os traços que tivemos enquanto vivíamos na Terra; eles, porém, tornam-se perfeitos, porque nosso espírito é perfeito, já que somos imagem e semelhança de Deus.

Depois de longo período em que assisti e participei de palestras pude, de fato, saber que sou um espírito que teve muitas outras vidas. Fui um espírito rebelde e descrente, como quase todos. E, em todas as minhas vidas, fui aprendendo como pude a me tornar o que sou hoje. Não me parece que ainda devo voltar a viver na Terra, a não ser para ajudar alguém que tenha sido de minha família ou outros espíritos simpáticos a mim ou ainda aqueles que precisam dos meus parcos conhecimentos. Em todas as circunstâncias, religiões e países do mundo aprendemos. Conheci Manu quando nasci na Índia, na mesma época em que ele. Já éramos amigos na miséria e conhecemos a dor da fome, juntamente com nossas famílias. Eu desencarnei por motivos óbvios, quando a pobreza e a ignorância arrastam o ser humano para a doença. Nasci também um pastorzinho de ovelhas, e o trabalho pesado desde a infância me fortaleceu a saúde, mas quando finalmente fui premiado com a prosperidade, eu não soube lidar com ela. Nasci filho de pessoas abastadas financeiramente, mas conheci a solidão, daí meu coração tornou-se rude sem piedade. Também experimentei o poder e fui insensato. E por aí vai meu longo caminho, até chegar às minhas duas últimas vidas na Terra, em que meu espírito inconseqüente acabou com a vida de um grande amigo, e para que, arrependido, eu me perdoasse, nasci e bem criança voltei da mesma forma.

Como disse anteriormente, temos permissão para ir a outras moradas espalhadas pelo infinito. Mundos distantes. Alguns em que, infelizmente, seres de forma ainda grotesca e selvagem são a maioria. Comparada a esses mundos, a Terra pode ser tida como um lugar muito bom, já que é habitada por seres em busca de aperfeiçoamento, embora muitas vezes de índole precária. Com os mundos mais pesados, há uma missão específica: nossa ida a esses lugares é para tentar resgatar esses seres, conversamos com eles tentando persuadi-los de que podem, sim, ser libertos de todos os sofrimentos. Eles vivem em um lugar quase como a Terra, mas seus problemas são em proporções ainda maiores. Há o domínio da dor, miséria, violência em todos os níveis. A soberba e a ignorância andam lado a lado. Suas áureas são normalmente vermelhas ou carmim. Há escuridão e gritos. A natureza é morta. Luxúria. Sacrifícios em nome de algum deus desconhecido. Vive-se pouco tempo ali. Seus corpos são frágeis. Nas vezes em que lá estivemos, pudemos nos misturar entre eles, que podem nos ver, mas não nos tocar. Estendem as mãos por socorro, porém continuam com idéias bem diferentes do que nosso Pai deseja. Um dia eles também sairão de lá e irão direto para a Terra começar nova etapa. Precisam de evolução e purificação em todos os níveis, e tentarão isso.

No Umbral ficam todos aqueles que desencarnam, mas que, por uma ou outra razão, não sabem ou são desprovidos de qualquer sentimento de bondade ou cometeram erros graves; há os suicidas, homicidas... Enfim, as pessoas menos esclarecidas, que não suportam o peso de suas cargas e preferem acabar logo com aquilo, achando que assim seja possível destruir de vez com seu sofrimento. Passam por momentos de lucidez, em que vêm abismos e crateras. Vulcões em eternas erupções... O solo é escuro e lamacento. Há pedras e toda sorte de criaturas recém-chegadas de alguma parte ainda pior do que ali. Convivem com a mentira, enquanto aguardam no remorso ou sofrimento. Mas acabam, após algum tempo, obtendo permissão para chegar até o mundo paralelo, onde, depois de um descanso espiritual, conseguem esclarecimentos para novamente retornar à Terra e se redimir de suas transgressões.

Há mundos superiores. A distância é bem grande e seu caminho é difícil, mas não impossível. Espíritos na condição de viver onde somente domina o bem. Tudo é realmente perfeito, porque a vontade de Deus prevalece nestes mundos. Para chegar lá, temos que aprender a viver de acordo com nossa consciência. Sabemos o que é certo ou errado. A perfeição existe para que possamos viver da maneira que almejamos, mas que nem sempre fazemos jus a isso. Passamos por muitas vidas dando cabeçadas e pedindo para Deus olhar para nós. No entanto, perdemos tempo precioso arruinando oportunidades. A grande lição da vida terrena é também a paciência, a esperança, a fé, até o último instante. Sempre há uma solução. Mesmo quando tudo parece arruinado. Se, por seus próprios erros, as pessoas sofrem, a fé que possuem demonstra o quanto elas merecem nova chance. Os espíritos de luz ou santos sempre estão cuidando para que seus fiéis tenham essa nova chance, mas tudo precisa de um tempo. Às vezes maior, outras, menor. Isso porque depende do tamanho da fé. Há, porém, exceções. Existem pessoas que, em momento de grande aflição ou urgência, por serem donas de uma fé constante e inabalável, vivenciam os chamados milagres. É também o caso de pessoas que, por terem essa mesma fé, seguida de grande sensibilidade, podem prever fatos futuros ou ter comunicação com os outros mundos, ainda vivendo em seus corpos.

Quando desencarnamos e chegamos ao mundo paralelo, tornamos a aprender o que de fato importa. Quando voltamos a viver na Terra, em um novo corpo, nosso espírito sofre um lapso de memória, porque só assim ele pode começar tudo de novo, sem interesse em algum objetivo. Isso facilita a nova aventura. Não identificamos os acontecimentos passados; temos sim, algumas vezes, vaga impressão de que conhecemos alguém ou que já estivemos ali, mas não podemos saber o que ou como aconteceu. Podemos prever nossa morte, como no meu caso, porque o espírito já sabe como vai voltar, mas sabe quando a máquina humana não consegue acompanhar ou compreender esses fenômenos. Às vezes, porém, atendendo a súplicas e por circunstâncias diversas, é concedido mais algum tempo de vida. É aquilo que às vezes acontece, quando pessoas à beira da morte sobrevivem e, a partir daí (elas vieram até aqui para um puxãozinho de orelhas), vivem de maneira bem diferente de até então. Essas pessoas sabem que tiveram nova oportunidade e precisam aproveitar ao máximo este tempo adicional.

O mesmo ocorre com tantas pessoas que se doam integralmente para o bem-estar do próximo. São espíritos mais esclarecidos, em que a beneficência faz parte do seu dia-a-dia, e que deixam prevalecer esta virtude, essencial para todos que dela necessitam. Essas pessoas sabem que, por alguma razão, devem agir assim, mesmo que seus amigos ou familiares os ridicularizem. Nos países em que a pobreza predomina, existem equipes de socorro, tanto espirituais quanto humanas. São pessoas de todas as partes do mundo, que trabalham em todas as áreas e dão o melhor de si em prol de refugiados, famintos, doentes e demais. Não que precisem da solidão ou se recusem a viver em sociedade, mas porque sentem ser mais necessários ali. Como quando fui para a África, onde tantos famintos morrem todos os dias à mercê de olhos e corações indiferentes. Quando conheci de perto aquela gente, senti uma profunda angústia. São espíritos que, em outras vidas, não souberam valorizar o que possuíam ou que cometeram atrocidades semelhantes. Estão nesta condição subumana, mas, logo que se libertam, voltam para o mundo paralelo, onde poderão seguir em condições bem melhores. Porque tudo tem um fim.

O trabalho dos espíritos é levar alívio e consolo, seguindo o exemplo de Jesus, em forma de evangelização. É um aprendizado muito simples, no qual a caridade, juntamente com a oração, é a forma melhor e absoluta para esse alívio e consolo de que necessitamos. É através da oração que nutrimos nosso espírito, fortalecemos nossos ideais. Esse é o caminho natural para a comunhão com Deus. É através da oração que despertamos nossas verdadeiras virtudes, podemos dominar nossos pensamentos e nos libertar de todo o mal, que ainda tenta prevalecer.

Jesus nos disse que onde estivessem duas ou mais pessoas reunidas em oração Ele estaria presente, mas Ele está presente em todas as ocasiões, inclusive quando nos encontramos na mais completa solidão, porque a prece é sempre ouvida e atendida, dependendo apenas da pureza do pedido e do coração de quem ora. Existem grandes possibilidades sempre de Sua presença. Apenas a nossa fé é limitada para enxergar tanto poder. Não mais do que isso...

O tempo passou rapidamente. Manu, como sempre, ficou ao meu lado para todo e qualquer esclarecimento de que eu necessitasse e que minha percepção espiritual ainda não conseguia distinguir com exatidão. Durante minha estada junto com meus bisavôs, obtive também conhecimentos preciosos. Meu *bisa* Manoel, por ter chegado aqui há muito tempo e ser um espírito mais estudioso, é quem me ensina a orar com precisão, usando palavras certas de que eu precise e de efeito imediato para qualquer mal. Quando faço sozinho e por vontade própria minhas jornadas espirituais ao redor do mundo onde vivi, descubro que tenho muito que fazer.

— Willian, quando você pede por alguém, faça imposição com as mãos abertas sobre a pessoa, seja ela encarnada ou não. Para qualquer situação, a mão direita fica sobre a pessoa, numa distância pequena de seu corpo ou espírito; a mão esquerda fica voltada para cima, para que não só o fluido bom penetre naquele que precisa mas também que a energia negativa saia pelo mesmo canal. Qualquer pessoa pode fazer isso. O efeito é o mesmo. Pense na verdadeira e imensurável força que emana para suas mãos através de Deus, e peça:

Nosso Pai, que estás nos céus, santificado seja Teu nome, seja feita a tua vontade, assim na Terra como nos céus. O pão nosso de cada dia dai-nos hoje e perdoai as nossas ofensas, assim como nós perdoamos aquele que nos tem ofendido. Não nos deixeis cair em tentação, mas livrai-

nos de todo o mal, de todos os espíritos grosseiros, de todo sentimento contrário a teus ensinamentos, e dai-nos inteligência e compreensão. Paz, amor, saúde e prosperidade de todas as formas que sejam para meu benefício, pois a Ti pertencem o poder, a honra e a glória para sempre. Amém

— Qual é o efeito? — perguntei, olhando para Manu, que estava conosco.

— A prece feita com fé determinada cura doenças físicas e morais — replicou Manu.

— Acredito que doenças morais sejam mais fáceis de curar.

— Por quê? Qualquer doença ou problema é bem amenizado através da oração. E se você não se lembrar das minhas palavras, pode usar qualquer outra. O que vale é a intenção de cura. A partir do momento em que você crê naquilo que fala, tudo se torna possível. Nossa mente tem uma poderosa força de vontade. Quando impomos as mãos em um doente físico ou espiritual, é através delas que emanamos nossa força e nosso desejo de cura. O desejo consciente faz com que a cura se faça — explicou meu mentor.

— Se através da oração podemos curar o mundo, por que ele é tão cheio de sofrimento?

— Porque ninguém ora. Freqüentam templos e igrejas e, embora repitam intermináveis ladainhas, as palavras que pronunciam não são fiéis. Repetem sem saber o que dizem. E, depois, devemos pedir aquilo de que realmente precisamos. Normalmente as pessoas insistem em pedir aquilo que provavelmente só vai agravar a situação.

— Como assim?

— As pessoas pedem dinheiro e amor. O dinheiro deve ir sempre para as mãos daqueles que realmente sabem o que fazer com ele. Já são estipuladas as pessoas que terão essa árdua tarefa de ser ricas. Porque elas terão que prestar contas depois do que puderam ou quiseram fazer com o dinheiro. É uma grande responsabilidade. No amor, às vezes elas querem ter uma pessoa ao seu lado, que não era para acontecer. Conseguem e depois se arrependem, tarde demais. Muitos casamentos são desfeitos, porque ainda existem pessoas que fazem orações fortes, pedindo para espíritos muito atrasados trazerem para si alguém que pensam ser feito para elas. Isso é errado. Isso é aquilo que falo sobre as opções durante a vida. Poderiam passar sem esse apelo esdrúxulo, mas não têm força para agüentar viver sem aquele amor. Então, meio sem saber, o infeliz se liga àquela pessoa (infeliz porque é também um espírito fraco e vulnerável) e, mais cedo ou mais tarde, acorda para aquela bobagem e arruína toda a relação existente.

— Então não devemos pedir dinheiro nem amor?

— Podemos pedir, mas para que Deus envie o suprimento necessário, porque Ele sempre sabe aquilo de que nós precisamos. Assim, nunca vai faltar nada. Ah... e não rezar para ganhar na loteria...

— Há pessoas que ganham na loteria!

— É verdade, mas são casos assim: algumas ganham muito dinheiro trabalhando normalmente, porque fizeram tudo certinho e mereceram. Outras passam a vida trabalhando, mas não conseguem prosperar, porque em outra época ou na vida ainda presente deixaram de lado valores que eram importantes, ou ainda porque quiseram ter a experiência da pobreza, que é nobre. Algumas ganham prêmios em loterias, como algo que Deus envia. São as que, por motivos diversos, agradaram ao Senhor e, na confiança de que saberão usar esse dinheiro, é dada nova chance na mesma encarnação. Porque o dinheiro é uma experiência espiritual e tanto...

— Por quê?

— Porque o dinheiro, seja ele muito ou pouco, sempre oferece oportunidades para fazer coisas boas ou ruins. O rico, embora ajude entidades diversas, não faz mais do que sua obrigação, já que dinheiro não lhe faz falta. São esperadas atitudes de bondade, sensibilidade aos problemas alheios. De quem é pobre, esperam-se atitudes louváveis, de integridade e paciência. Ser alegre e esperançoso, incapaz de atos violentos, quando seu estômago está vazio, também é difícil, mas, se em ambos os casos o bom senso predominar, está aí uma grande e importante experiência, de que todos nós, com certeza, já passamos ou ainda iremos passar.

— Nascemos em todas as circunstâncias, para que nosso espírito possa adquirir a perfeição — disse eu.

— Exato! Bem, agora vou para o templo, quer vir comigo?

— Templo? Que templo?

— Ainda costumo ir a um dos templos. Medito.

— Quero ir, sim...

Fomos andando. Eu estava em silêncio. Refletia nas palavras deste homem tão sábio. Manu era tudo aquilo que eu nunca imaginara existir. Sentia um grande apreço por ele e que também era estimado. Nossa amizade era antiga, eu sabia, mas ele tinha muito ainda o que ensinar. Ele sabia tudo a meu respeito. Minhas vidas. Tinha conhecimento dos diversos caminhos que eu percorrera. E sua sapiência indicava os vários sentimentos acumulados durante o percurso. Manu não mais se admirava com nada. Já tinha estabelecido, para si, a tolerância, o perdão, a paciência, a caridade e a compreensão. E a busca para sua perfeição me parecia estar quase no final.

Chegamos em uma construção. Não diria que era luxuosa, dada a simplicidade, mas era extraordinária. Toda pintada na cor branca, os vitrais de singela beleza davam um colorido amarelado no seu interior. Quando entramos, fiquei surpreso com o tamanho do lugar. Era imenso. Do lado de fora parecia pequeno, mas nem perguntei nada. Já imaginava qual seria a resposta. Havia muitas pessoas ali. Manu me falou que eram iniciadas, assim como ele. Explicou-me que podiam ficar ali o tempo inteiro, orando e meditando em prol da humanidade carente desses recursos. Um leve perfume. Incenso. Manu juntou-se a eles e ajoelhado começou sua meditação. Fiz o mesmo. Senti que podia ir a lugares muito distantes, através do pensamento. Quando eu orava pelos famintos, podia ver-me entre eles. Quando orava pelos doentes, via-me em hospitais. E assim por diante. Podia impor minhas mãos sobre eles e concluir minhas palavras de fé, esperança e consolo, e observei que não estava só. Vários iniciados, como Manu, estavam junto comigo. E, pela primeira vez, não me comovi com os inúmeros problemas dos seres humanos. Antes, pude fazer a minha parte, para amenizar aquele sofrimento, trazendo comigo vários deles, aqueles aos quais Deus havia dado o visto de entrada para o mundo paralelo.

Não precisei perguntar como pude fazer aquilo, pois sabia que, daquele dia em diante, uma de minhas tarefas seria resgatar os espíritos já fartos de sofrimento e ansiosos por vir. Era um grande alívio para eles, que eram recebidos com cuidado e dedicação total, tal como Manu havia feito comigo. Meu trabalho era apenas trazê-los. Antes, outro grupo espiritual fazia o desligamento e, depois, já no mundo paralelo, eles ficavam com o grupo responsável pela adaptação. No mundo paralelo, logo me foi possível desvendar alguns desígnios de Deus e, com brandura no coração, pude contribuir em quase todos os setores a que fui levado a conhecer por Manu. E que, talvez por minha própria negligência no passado, não o pude fazer.

Durante todo o tempo, eu sempre visitei minha família. Já podia me aproximar sem causar dor ou sofrimento para todos nós. Sabia que aquele processo lento e sofrido fora necessário para todos, e constatei que minha mãe foi em busca das respostas de que precisava, para poder se consolar. Lia pilhas de livros espíritas e espiritualistas. Percorreu todas as congregações possíveis. Foi crente, budista, esotérica, católica, evangélica e tantas outras possíveis que lhe abriram as portas. Em todas aprendeu muito. Sempre havia algo por aprender. Pesquisou. Tirou conclusões acertadas, quando compreendeu que todas as religiões são boas e elevam o ser humano para Deus. Todas as religiões são necessárias para que o homem possa evoluir degrau por degrau. Os ensinamentos são os mesmos, mas ofertados de maneiras diversas, e são diferentemente compreendidos.

Minha mãe, apesar de tudo, não se revoltou com a vontade Suprema, fez o impossível para reaver os estímulos que dariam força para prosseguir. Já havia passado oito anos do meu desencarne, mas todos os dias ela pensava e orava por mim. Deus deu-lhe mais dois filhos. Dois meninos. Para ela, foi vital que isso pudesse acontecer. Com três crianças para cuidar, ela pôde continuar seu destino. Houve dias de grande sofrimento, em que somente calmantes podiam fazê-la dormir. Seu pranto cheio de lamentos deixavam-me profundamente triste. E eu não tinha como ajudá-la. Ela precisava de uma oportunidade para que eu pudesse entrar de vez e conversar com ela, mas tinha certeza de que se pudesse me ver não seria muito agradável, devido ao seu estado emocional ainda frágil. Nessa ocasião, fui chamado às pressas. Manu pedia que eu o acompanhasse até o templo. Minha avó paterna estava para chegar, e ela esperava que eu fosse buscá-la. Minha avó Paula. Que saudades eu sentia dela... E às vezes em que fui visitá-la, vi que ainda não se conformara com minha partida, e sempre pedia para eu ir buscá-la.

Cheguei naquele apartamento de São Vicente onde eu passara minhas últimas horas de vida. Ela estava deitada. Parecia ansiosa. Vi meus irmãos espirituais por ali, que preparavam seu desligamento. Seu coração batia bem devagar. Aos poucos, ela, em um esforço supremo, levantou-se da cama e foi em direção à cozinha. Bebeu água e sentou-se em uma cadeira, descansando o braço na mesa.

— *Nona*? — chamei.

Ela procurou com os olhos petrificados.

— *Nona*?

Ela pôde finalmente me ver. Abriu um grande sorriso e levantou-se para me abraçar. Mesmo eu estando agora com aparência diferente, ela não teve dúvidas. Suas lágrimas de emoção deixaram claro que sabia quem estava ali. Não chegou a falar nada. No calor daquele abraço, seu corpo ficou ali no chão, e seu espírito me acompanhou até o mundo paralelo. Ela chorou muito por mim e pelos filhos, que haveriam de sofrer nova perda em suas vidas. Ela tinha grande preocupação por meu pai e minha tia, mas depois do merecido descanso no qual fui seu companheiro constante, ela aos poucos foi se recuperando.

— Filhinho! — dizia comovida.

— *Nona*! Parece impossível estarmos juntos novamente, não é?

— Quanto tempo eu esperei até que chegasse esse dia. Nunca podia imaginar que seria assim tão fácil...

— As pessoas têm medo de morrer, mas, quando chegam aqui, ficam contentes. Quer dizer, algumas, não é?

— Não é assim para todos? — perguntou minha *nona*.

— Não, *noninha*. Alguns demoram até chegar aqui. Você era bem especial.

Não lamentou sua vida, que foi repleta de contrariedades e sofrimento. Ao contrário, sempre tinha uma palavra amiga para quem quer que fosse. Seu único lamento foi eu ter vindo primeiro. Por isso, pôde vir depressa e sem sofrimento. A vida no mundo paralelo é tão real como a que tínhamos, mas aqui temos oportunidade de dar o melhor que existe dentro de nós e que, infelizmente, parece ficar adormecido enquanto permanecemos na Terra.

Minha *nona* Paula era uma italiana bem simpática e querida por todos que a conheciam. Era uma figura sábia e generosa, segundo as palavras de minha mãe, que tinha grande admiração por ela. Sua vida havia tido mais lágrimas do que risos, mas, no seu modo de ver a vida, era assim mesmo, sempre dizia.

Seu desencarne foi tumultuado, no modo de ver de quem ficou. Sem qualquer aviso, ela viera para cá e meu pai, muito abalado ainda, era sua grande preocupação. Por isso, a partir dessa época, ela mesma pôde ir até ele, tentar acalmar seus ânimos, mas foi minha tia Patrícia quem primeiro foi até Uberaba, em Minas, receber uma mensagem psicografada por Chico Xavier. Que contente ficou pelas palavras de grande alento para si e para meu pai. Decidiu, então, ir até minha mãe contar as boas novas.

Foi a oportunidade de que eu precisava para também poder falar com minha mãe e sabia que, através dela, meu pai seria beneficiado, já que, ainda, se atormentava pelo que acontecera comigo. Sentia-se culpado. E sua vida, durante todo esse tempo, foi de um desgaste emocional enorme.

Aquela idéia não saía da cabeça de minha mãe. Éramos eu e Manu falando com ela durante a noite, para que fosse até um centro espírita, a fim de que fosse possível a psicografia. Finalmente ela procurou o centro dirigido por André Luís, e assim recebeu minha primeira carta. Carta, aliás, da qual eu já havia feito inúmeros rascunhos, mas não fora possível chegar até ela que, embora muito atenta aos assuntos espirituais, não tivera a idéia de procurar o que tanto precisava.

Fui até o centro e fiquei esperando-a aparecer. Em seu lugar estava meu pai postiço. Ela não teve força para ir até lá. E eu entendi perfeitamente.

A médium logo me viu e pude falar tudo aquilo que guardara por tantos anos, e que sabia ser necessário minha mãe também saber. Finalmente, a carta que eu queria mandar para minha mãe fora escrita...

Querida Mãe

Estou muito comovido por ter vindo buscar notícias. Aquelas vezes que sentiu que alguém a beijava e abraçava, tenha certeza que era eu. Deve estar estranhando que escrevo e falo com certa desenvoltura, mas saiba que seu filho já não é mais um garotinho. Sofri e chorei logo que cheguei aqui, e este difícil aprendizado foi para que eu pudesse chegar neste patamar onde estou agora.

Do salto para a imensa escuridão, eu bem que não queria falar mais, porém sei que é necessário, para que perceba que nem tudo é o que parece ser. Naquele dia me vi sozinho quando acordei e por isso procurei sair daquele apartamento, para ir com minha avó. Não consegui. Afoito, fiquei desesperado e acabei me desequilibrando e assim caí. Não se culpe e nem culpe meu pai. Isso teria que acontecer, já era previsto, não existem acidentes ou fatalidades. Tudo tem sua razão de ser.

Na minha penúltima encarnação, fui piloto de um avião de caça, durante a guerra, e depois de um desentendimento com um amigo, por uma bo-

bagem, eu o joguei lá de cima em pleno vôo. Para poder me redimir dessa grande falta que cometi, eu mesmo quis encarnar novamente, para assim poder passar pelo mesmo triste episódio.

Fui perdoado por este ato, mas a lei da reencarnação é fatal. Aqui se faz, aqui se paga, quase sempre da mesma forma. Isso já é passado. Hoje aprendi muito e estou entre irmãos espirituais que me querem muito bem, e eu também tenho grande estima e admiração por eles. Saiba que fico feliz por tudo ter terminado, deixando um saldo positivo para todos nós, que aprendemos muito com tudo isso.

Mãezinha, eu amo todos vocês, e tenha certeza de que estaremos juntos, em um mundo muito melhor, onde não existe dor, saudade ou sofrimento. Siga sua vida, da maneira que seu coração pede. Não chore mais, saiba que entre nós existe somente um véu transparente, onde você não pode me ver, mas sempre que posso estou do seu lado, torcendo por você, meus irmãos e os demais.

Fique com Deus e nunca deixe que a fé te abandone. Oro por você para que mantenha esta força que conseguiu adquirir. Um grande beijo e muitas saudades. Tenha certeza de que vivo feliz e que o perdão é uma das virtudes que Deus espera de todos nós. Ainda nos avistaremos nesta vida...

Seu filho que a ama muito.

Saí do centro contente. Sabia que minha mãe iria ler e entender meu recado. Ela precisava dessas palavras de conforto e das respostas para as perguntas que durante anos a fio fez a si mesma. Dito e feito. Eu já estava de volta ao mundo paralelo, e senti que ela me chamava. Tinha os olhos e o coração em pranto, mas era um pranto bem diferente de até então. Era de saudade, não de desespero. Ela lia e relia aquelas páginas que eu escrevera e fizera questão de desenhar um coração com meu nome no meio, na certeza de que ela saberia ser eu mesmo que havia enviado, já que esse desenho eu fizera dias antes do meu desencarne, e ela ainda guardava.

Depois da grande emoção, minha mãe ficou mais aliviada e, a partir dessa primeira mensagem, ela também deixou de inconscientemente culpar meu pai pelo acontecido. E como Manu já havia previsto, logo encontrou maneira para que meu pai também soubesse o que eu havia escrito, e assim poder se libertar da grande culpa que carregava e retomar seu caminho mais resignado. Do meu pai, guardo na lembrança seu constante sorriso, até então. Depois de meu desencarne, ele, muito abalado emocionalmente, deixou-se levar pela apatia, ao contrário de minha mãe, que fez de tudo para se recuperar mais depressa e obteve essa dádiva dada a poucos. As vezes que cheguei perto dele não foram muito agradáveis. Perdido em sua própria culpa, por ter me deixado sozinho naquela noite, continuamente se rebelou contra tudo e todos. Um ódio foi dissolvendo seu coração, antes repleto de bons sentimentos. Ficou muito tempo envolvido nesta áurea negativa. Desgostoso da vida foi se consumindo aos poucos. Dia após dia. Meses e anos. Não procurou nenhum tipo de ajuda exterior, trancou-se em um mundo particular, onde prevalecia sua constante culpa. Tanto eu como Manu tentamos nos aproximar várias vezes, mas fomos impedidos por estranhas e horrendas criaturas que faziam parte daquele universo solitário. Ninguém se aproximou dele naquela época. Muito tempo depois, pudemos nos aproximar e levar conosco aqueles espíritos sofredores que, aproveitando-se daquela mente doentia, se instalaram e ficaram por ali até que fosse conveniente para eles. Meu pai sofreu muito, mas Manu não permitiu que eu assistisse a tudo aquilo que ocorreu durante os primeiros anos de tanto sofrimento para ele. Depois que minha *nona* Paula chegou aqui é que finalmente ele pôde ser ajudado. Ela sempre foi uma mãe e tanto. Amava muito aquele filho. Enquanto vivia junto com ele, não foi possível que suas palavras surtissem o efeito desejado, mas daqui, do mundo paralelo, suas palavras soavam diferentemente e, através de suas orações, meu pai pôde, enfim, se libertar de todas as fagulhas que sua vida se encarregou de apresentar.

Hoje ele é uma nova pessoa. Trabalha naquilo que gosta e converteu-se a uma religião que oferece todo o apoio espiritual necessário para que ele continue assim. Formou uma nova família e faz de tudo para que, desta vez, dê tudo certo. Seus medos e angústias aos poucos vão sendo enfraquecidos, dando lugar a um novo homem, com esperanças para continuar. Quando ele soube das notícias, que mandei em forma de psicografia, sentiu um grande alívio espiritual e físico. Por isso afirmo que a doutrina espírita é um remédio eficaz para todos os males que afetam continuamente a humanidade. Através do trabalho contínuo dos espíritos que se manifestam em todas as partes do mundo e de todas as maneiras, essa nova doutrina tem se expandido consideravelmente. É claro que nem todos podem reconhecer as boas novas; há muitos caminhos e nem todos ainda podem clarear a mente para tal opção. Uns conseguem enxergar antes, outros um pouco depois; todos, porém, verão algum dia, de acordo com sua evolução individual.

Já aqui no mundo paralelo, gradativamente, todos vão alcançando seus objetivos reais. A constante paz que domina este lugar nos torna receptores da felicidade real, que é bem diferente daquela que todos almejam, enquanto estão em seus corpos materiais. Preciso dizer que para nós a diversão é concluir uma tarefa desejada com sucesso. Muitas almas sofredoras precisam ser evangelizadas, e nós, um pouco mais desenvolvidos espiritualmente, fazemos também esse trabalho gratificante. Tenho permissão para contar inúmeros casos que, perante a lei e a moral dos homens, são vistos com severidade, mas, apesar de serem estranhos, não deixam de ser também casos que ainda podem e devem ser revistos, aos olhos de Jesus, que com tudo e todos tem uma complacência infinita.

Começando por aqueles que obtiveram cargos de elite, de soberania total: são espíritos bem antigos, que foram designados para manter a ordem e a justiça perante os homens. Sabemos, porém, que nem sempre é assim. Depois de adquirir este *status* de poder, deixam de lado as causas para que vieram. Apenas pensam em seus próprios interesses. Quando desencarnam, uma grande homenagem é feita para eles. O povo sai às ruas a chorar pelo seu ídolo. Ele quase sempre sabe que não era bem aquilo que era esperado, naquela sua encarnação. Sofre desde a hora de seu desencarne, porque terá de prestar contas dos tumultos, guerras, pobreza ou indiferença da qual foi responsável. Muitos destes já estão aqui, e quase sempre se encontram no Umbral, começando assim a mendigar paz para seu espírito que, arrependido, não poupa esforços para mudar a sua situação.

Outro problema bem triste é o das mulheres que fazem o aborto. É um crime mesmo, porque, desde que um bebê é concebido, o espírito se encontra perto dele, esperando apenas que ele saia do útero materno para se apossar do pequeno corpo. No entanto, este ato não é somente um crime feito pela mulher que o comete. Existem várias circunstâncias em que devemos pensar antes de atirar a primeira pedra. Há mulheres que vivem à margem da sociedade, que não recebem atenção ou qualquer ajuda. São abandonadas à própria sorte. Cometem o ato de abortar por desespero, ignorância e abandono. Essas mulheres, apesar de tudo, não carregam esse peso sozinhas, porque sempre poderia haver outra possibilidade. Os responsáveis por esse abandono carregam a mesma parcela do erro. É muito fácil incriminar os outros, mas existem muitas mulheres que não abortam, porém matam seus filhos da mesma maneira, durante os anos que convivem com eles. Em nome do amor, da educação e dos bons costumes, consomem tudo de bom de que aquele espírito precisava e, assim sendo, por espancamentos, gritos, falta de amizade e compreensão, vão matando seus filhos, sem que percebam. No mundo não existem pessoas boas ou justas o suficiente para usar a crítica como despertador de uma constante indiferença. Quando alguém se depara com uma jovem ou pobre mãe é justo, sim, que se dê total apoio. Nunca sabemos que espírito está dentro daquele ventre. Seria muito bom para todos que atos de benemerência fossem sendo atitudes passadas de pais para filhos. O mundo estaria em melhores condições.

Tantos crimes e tanta violência assolam o planeta de ponta a ponta. É o preço que a humanidade paga pela falta de solidariedade. Às vezes, apenas um sorriso, uma boa conversa, é suficiente para que aquele espírito em condição mais infeliz possa acordar para si mesmo e dar o merecido valor à sua vida, que é a única oportunidade que tem de melhorar. Às vezes pensamos ser melhores em tudo: inteligência, riqueza, esperteza, etc. e tudo isso nos pertence até quando Deus achar conveniente. Num piscar de olhos tudo vai por água abaixo. Nada possuímos. Apenas trazemos de volta ao mundo paralelo nossas virtudes. O mundo dá muitas voltas... Aquele que nada possui hoje pode amanhã estar bem melhor do que você. E isso não somente em termos de saúde ou fortuna, mas aqui é bem comum o antigo senhor estar em condições bem piores do que aquele que era tido como seu escravo.

Os valores sempre foram os mesmos desde os tempos passados. O Deus é o mesmo. Deus de Abraão, de Isaac, de Jacó e de Davi. Esses espíritos eram tementes a Deus em obediência e respeito. Por isso, foram pessoas abençoadas por ele. A aliança que Deus fez com eles, simbolicamente, o fez com todos os homens, e este pacto perpetua até os dias de hoje. O certo é poder, através de estudos específicos, alcançar esses estatutos, de grande significado e importância.

Meu inseparável amigo Manu dedicou todo o seu tempo possível para mim. Foi de abençoada valia seu constante interesse para que pudesse, assim, obter o equilíbrio necessário para, finalmente, saber mais pormenores que ainda continuavam sem respostas concretas. Às vezes respostas vagas eram dadas, e depois outros assuntos ou interesses eram apontados, para que eu desistisse de tantas perguntas.

O Reencontro com Gerard e o Adeus a Manu

Uma vez estávamos no templo, meditando. Eu sentia que Manu guardava um grande segredo. Muitas vezes ele ficava olhando para mim, e eu quase podia desvendar o mistério, mas não sei por que aquela sensação era logo esquecida. Durante todo o tempo eu também crivei meu *bisa* Manoel, minha *bisa* Antônia e minha *nona* Paula de perguntas e mais perguntas, mas foi em vão. Talvez eles até soubessem mais sobre mim, porém não era chegado o momento oportuno. E essa hora chegou naquele templo, em que uma grande harmonia, paz e amor eram constantes. Enquanto eu tentava orar, porque aquele local era somente para isso, notei que Manu estava ficando com uma fisionomia diferente. Ia rejuvenescendo, acredito eu. Tentei em vão me concentrar. Olhei novamente para onde ele estava, e perplexo não o vi mais. Naquela direção estava um jovem, muito loiro, que me olhava sorrindo. Fiquei ali, não entendendo do que se tratava, até que em um estalo pude reconhecer Gerard. O que ele estaria fazendo ali? Eu nunca o havia encontrado no mundo paralelo, e até cheguei a pensar que tinha sido perdoado, sim, mas daí a ele querer realmente encontrar comigo já era outra história. Fiquei sem saber o que fazer.

— Willian! — exclamou ele, sorrindo...

— Nem sei o que dizer. Esperava por este momento mais que tudo; porém, agora que ele acontece, nem sei como devo agir — falei pausadamente.

— Então me abrace... Aqui não existe ódio ou rancor. O passado já aconteceu, sempre devemos olhar para a frente, sempre novas perspectivas chegam até nós...

— Eu sei, mas é bem constrangedor — falei cabisbaixo.

— Willian, não fique perturbado com minha presença. Adiei este encontro, esperando a hora certa. Não sei se é a hora certa este momento, mas tinha pressa em fazê-lo compreender que tudo o que passou há muito tempo foi esquecido. Continuo seu amigo e sempre serei. Nossa amizade vem dos tempos antigos, desde a Índia, quando tivemos forte ligação através da religião, e depois em várias encarnações, até que chegamos a ser parentes próximos. Infelizmente, aconteceu, em uma hora de total descontrole, tudo aquilo que você já sabe, mas também tive minha parcela de culpa.

— Culpa? — perguntei àquele rapaz sereno.

— Sim, nada acontece por acaso. Se eu fosse verdadeiramente seu amigo, teria tido mais compreensão e não teria ido me queixar de você aos nossos superiores.

— Acha isso mesmo? Por quê?

— Porque eu já o conhecia. Sabia que era boa pessoa, mas muito nervoso devido à criação severa e meio solitária que tinha. Apesar de você ter sido um rapaz de boa família, dono de bens materiais, era muito sozinho. Seus pais ficavam preocupados com eles próprios e não lhe davam a atenção devida. Isso causou um desvio em sua personalidade; achava que podia fazer tudo o que dava na sua cabeça, já que eles não se importavam.

Eu, ao contrário, embora com menos posses materiais, fui criado em uma família calorosa, cheio de amor e atenção por parte de meus pais. Deveria ter, portanto, mais sabedoria ao lidar com você, principalmente porque depois de muitas encarnações na Índia e também na China dedicando-me apenas a estudos do espírito tinha conhecimento dos vários desvios de personalidade que nós enfrentamos. Perdi grande oportunidade de ajudar um amigo.

— Manu? — gaguejei.

— Sim, como Manu eu quis estar ao seu lado. Você viveu pouco mais de cinco anos, e eu me sentia responsável por este acordo que fizemos, queria ser seu anjo da guarda. Era a única maneira de também me redimir de meus erros. Erramos tanto na vida, que cada vez fica mais difícil este despertar para nossa liberdade.

Saí do templo sozinho. Queria chorar e colocar minhas últimas mágoas perante Deus. Andei sem rumo até chegar ao lugar mais fantástico que havia aqui no mundo paralelo. O mar estava calmo como sempre, as inúmeras gaivotas voavam em círculos sobre as águas. Enquanto andava, chorei muito.

Havia sido Gerard o tempo todo. E eu não havia percebido. Gerard ficou à minha disposição, e talvez tudo aquilo pudesse não ter acontecido... E se fosse dele a decisão final? Lembrei-me de minha curta infância, quando ele, logo depois de meu nascimento, viera se apresentar. Quantas noites ficou ali do meu lado me distraindo, enquanto eu era um bebê, para que me alegrasse e minha mãe pudesse descansar. Depois, já maiorzinho, Manu continuava perto. Eu é que não dava mais tanta importância à sua presença. Recordei o dia em que voltaria para o mundo paralelo. Manu parecia triste. Aborrecido. Ele sabia o quanto eu amava estar vivo. Quantas esperanças tínhamos, meus pais e eu. E apesar de saber que era inevitável a lei da causa e efeito, teve compaixão, porque sabia que seria doloroso para todos os envolvidos, naquele emaranhado de tristes acontecimentos.

Continuei meu caminho solitário. A cada passo e lágrima eu me libertava de culpas e ressentimentos antes adormecidos. Sentei-me naquela areia fina e morna, aguardando o que viria a seguir. Não sabia se agora estaria com Manu ou com Gerard. Aquele espírito equilibrado me acompanhara até então, e eu sentia grande gratidão por tanta lealdade, mas, ao mesmo tempo, não sabia mais como seria daquele dia em diante. Manu certamente estaria indo para outras moradas. Merecia. E eu, a partir dali, andaria por minha conta, como ele mesmo dizia.

Todos os meus sentimentos vieram à tona. Não saberia exprimir como é este sentimento de tomar conhecimento do nosso *eu* verdadeiro. É um estado de graça divino que Deus permite a seus filhos. Um real conhecimento de nossas vidas passadas. A partir de cada útero até nossa volta para cá. Em cada vida passada, tomei conhecimento de todas as possibilidades que tivera até chegar aquele momento. Manu havia me mostrado algumas delas, porém pude me ver em diferentes formas e corpos, um êxtase. Para tudo havia sempre começo, meio e fim. A matéria de nossos corpos era retratada temporariamente na condição de transfiguração, que aos olhos dos encarnados não deixaria de ser uma grande loucura.

Ah! Deus! Eu exclamava a todo o momento. Onde estaria Deus? Haveria Deus homem neste mundo diferente? Se Ele não estava aqui, então nossos pecados eram tantos que, dificilmente, poderíamos encontrá-Lo, já que, para mim, aqui era o suficiente em perfeição. Que desespero me deu naquele momento. Como eu era pequeno e incapaz diante do Universo. Eu queria e precisava saber mais. Manu findando sua missão haveria de partir. Meu espírito, ainda fragilizado com tantos acontecimentos inesperados, não conseguia controlar o seu autodescobrimento.

Lembrei-me dos flagelos da Terra, retratando a angústia e o desespero dos sobreviventes, ansiosos por sinais vindos de onde me encontrava. Ansiosos por um verdadeiro alento para suas dores e para decifrar os mistérios do mundo. Indecisos também por não entenderem se havia anjos ou demônios. Ou se os dois enigmas eram reais.

Novamente continuei sem rumo. Precisava andar até a exaustão, era a única saída, mas para o espírito não existem o cansaço, o espaço, o tempo. E quanto mais eu andava, mais o mundo paralelo parecia crescer.

Reconheci Manu de longe. Suas vestes brancas contrastavam com aquele lugar. Fiquei contente em revê-lo. Todos os ensinamentos que obtive, até então, acalmaram meu espírito ávido por uma segunda chance com aquele ser misterioso e admirável.

— Manu, como devo chamá-lo, a partir de agora?

— Eu prefiro Manu, aliás, meu nome não é e nunca foi Manu. Eu inventei porque, para um menino como você, era bem mais fácil. Meu espírito é conhecido por Shiliran Sartel. Como pensador, sacerdote e iniciado foi o que mais revelou a essência que eu gostaria de transmitir, quando era procurado. Ainda me identificam nos países em que peregrinei há tanto tempo. Imagine que me ouviam atentos, mas, depois, quando davam as costas, às vezes riam do que eu havia falado. Foi uma vida de constantes descobertas.

— Deixaremos de ser amigos? — perguntei, não me importando com as explicações dele.

— Claro que não. Daqui eu sigo mesmo para outro mundo, mas será possível ver-nos às vezes. Você estará muito ocupado daqui em diante. Deus sempre supre nossas necessidades e esse sentimento de solidão e abandono será esquecido. Willian, se você não fosse o que é, nem estaria no mundo paralelo. Talvez ainda estivesse vivendo e suportando as amarguras da vida na Terra. Não desanime agora no ponto onde conseguiu chegar. Existem milhões de espíritos que precisam de você. Deus, que é tudo aqui à sua volta e mais este infinito todo que seus olhos alcançam, espera por todos nós, em seus outros numerosos mundos paralelos. Um é paralelo ao outro, simbolicamente. Você acha mesmo que só existe vida na Terra? Assim como aqui, há lugares cheios de espíritos como nós. Vamos de mundos a mundos. Tudo tem seu tempo e sua hora. Daqui, muitos não encarnam mais na Terra, e sim em planetas em que prevalece tudo aquilo que almejaram em suas vidas anteriores. Nosso espírito sabe o que buscamos, e quando caímos em alguma armadilha é porque nos deixamos levar por paixões. Mas nossa felicidade estará sempre reservada, esperando nossa chegada. Acredite.

Fomos embora. Manu, enquanto estávamos chegando ao templo, foi se despedindo de muitos. Parecia não querer sair daquele mundo em que estávamos. Todos sorriam e o abraçavam. Pela última vez entramos no templo e, depois de orarmos pedindo forças e entendimento para mais aquela transição, nos despedimos. Manu seguiu levando apenas esperança e alegria. Não olhou para trás. Na Colônia, os que ficaram acenavam para ele, contentes por findar mais uma etapa para aquele espírito.

Saí do templo e fui para onde estavam meus *bisa* e minha avó Paula. Conversamos bastante a respeito de tudo que havia acontecido até ali. Acho que, na Terra, a vida não era tão cheia de surpresas como no mundo paralelo. A diferença era que somente tínhamos surpresas boas e com finalidades eternas. É impossível esquecer aquele semblante. Um espírito excepcional. E tive muita vontade de saber onde ele estaria e por que havia sacrificado tempo precioso de sua meta para ficar do meu lado, num constante aprendizado para mim. Porém todas as vezes que senti falta de sua companhia, ele vinha até onde me encontrava, para elaborar o novo propósito dali em diante.

Minha família ia chegando aos poucos aqui no mundo paralelo. E a cada um que chegava, a exemplo de Manu, fiz o possível para amenizar aquele despertar. Não somente eu ia até a Terra para trazer meus irmãos espirituais como também já começava a fazer o desligamento da matéria.

Aperfeiçoei-me em ajudar crianças. No mundo havia muitas delas vivendo em condições de grande sofrimento. Guerras, miséria e doenças. Pequenos que agonizavam perante os olhos de seus pais desesperados, rezando por uma melhora, que talvez não viesse. Junto comigo, sempre havia vários outros irmãos ao redor do pequeno corpo. Enquanto eles oravam, eu ia cortando a fina linha prateada que prende a matéria ao espírito. Assim como eu, o espírito adormecia enquanto era levado de volta ao mundo paralelo. Aos parentes, restavam lágrimas e desespero, mas sempre ficavam perto para qualquer emergência que pudesse haver. Lembrava-me de minha mãe. Podia ver em cada mãe a minha, que passara por essa adversidade e, apesar de acabar com a agonia do pequeno ser, sabia que ali ainda havia muito por fazer.

Em outras ocasiões, durante nossa estada, Deus mudava seus planos e uma cura milagrosa era obtida. Em ocasiões quando éramos chamados com urgência, em casos de maus-tratos e violência, quase sempre livrávamos as crianças das mãos dos agressores. Isso também é bom ser explicado. Uma atitude leva à outra. A crescente violência deve ser combatida. Não devemos ficar de braços cruzados, para não sermos tidos como intrusos. É certo que os agredidos já foram agressores, mas, nem por isso, devemos deixar de aliviar seu sofrimento, tentando ajudar de alguma forma. A omissão é um erro muito grave. Qualquer tipo de violência deve ser denunciada, porque todos nós seres vivos, humanos ou não, somos filhos de Deus, e Ele espera que ajudemos uns aos outros. Nós daqui do mundo paralelo fazemos todo o possível, mas a humanidade, cega que está para o rápido progresso do mundo, não consegue controlar seus instintos. Daí seu sofrimento atroz.

O abandono é outro fator que inquieta o mundo paralelo. Velhos e crianças são deixados à mercê. É bem triste a infância sem calor materno, e mais triste ainda é a velhice amargurada e confinada. Não é possível um resultado positivo, em conseqüência desses fatos que, cada vez mais, estão se tornando corriqueiros. Deve haver o respeito pelo semelhante, para somente depois pedir clemência a Deus todo aquele que se diz cristão.

Daqui do mundo paralelo oramos por justiça, para os mais variados estados erráticos que os espíritos possuem. Não que estejamos em categorias muito mais adiantadas, mas porque alcançamos conhecimento apropriado para tal. As muitas encarnações não possuem limites para ser concluídas, mas diante do próprio esforço de cada um podem ser maiores ou menores. Cada um de nós deve suportar seus carmas adquiridos ao longo de cada vida, na certeza de que tudo será para sua felicidade. Já o contrário, na incerteza, há um retardo para esse processo. A certeza abrevia este estado transitório, que é viver na Terra.

Mãe

Já se passaram dezessete anos que eu vim para o mundo paralelo. Muito tenho aprendido até aqui. Aprendi o esperanto, um idioma universal já conhecido de vocês, mas que somente é falado com assiduidade aqui. Aceitei trabalhar em tudo o que me foi confiado. Procuro dar o melhor de mim para todos. A vida aqui no mundo paralelo é tranqüila. Muitas vezes eu estive junto de todos vocês. E sei que vocês souberam através de cartas psicografadas, nas quais pude aos poucos decifrar os caminhos que percorri. Estive presente em todos os bons e maus momentos. Ri junto com meus irmãos e também chorei quando a vida os decepcionou. Mãe, ouço às vezes seus soluços silenciosos. Sinto também que não há mais desespero, e chorar de saudades faz parte. Também sinto muitas saudades do tempo em que fiquei ao lado de vocês todos, mas tenha certeza de que nunca deixei de passar um Natal junto de todos vocês. Todos nós sempre estamos juntos, amparando aqueles que nos foram caros em diversas encarnações. E quando se aproxi-

mam os dias em que nós comemorávamos meu aniversário, saiba também que estou bem ao seu lado. É uma pena que este véu que nos separa ainda não possa ser transparente o bastante, mas acredite que é só uma questão de tempo. Você ainda tem muito que fazer, apesar da mágoa, apesar da ferida que a vida lhe impôs. Sei também que seu coração já não é o mesmo, porém já está mais solidificado, embora uma grande cicatriz permanecerá para sempre. Foi bom ter chorado menos e tentado aprender mais.

Lembro-me de quando andávamos pela rua, em busca de distração e também de Deus. Íamos à igreja e acendíamos velas. Íamos também ao Nosso Lar tomar passes. Hoje sei que isso foi fundamental, para que nossa separação não fosse ainda mais traumática. Mãe, quisera que tudo isso não tivesse acontecido, só para poupar tudo o que viria a seguir, mas aqui neste mundo paralelo entendi que tudo tinha uma razão de ser. Você às vezes se culpa por algo que está somente em sua mente, porque seu coração sempre soube que eu estaria de volta bem cedo. Tenha certeza de que não existem acidentes, como disse várias vezes. Tudo o que aconteceu é a lei da causa e efeito. Não poderia ter sido diferente.

Hoje eu teria vinte e três anos. Vocês tinham muitos planos para nossas vidas, porém eu pressentia que não faria parte de nenhum deles, mas fico sempre na alegre expectativa de que tudo que você sonhou para mim será com certeza concretizado por meus irmãos.

Sou feliz aqui. Muito mais do que possa imaginar. Poderia citar inúmeros irmãos espirituais, que fizeram parte de nossas vidas, mas você sabe que seria uma lista bem grande; porém, posso revelar que estamos juntos, nesta nova jornada, em busca de aperfeiçoamento, que é a meta final. Há de chegar o dia em que a Terra onde vive deixará de ser um lugar tão cheio de vicissitudes, é uma questão de tempo.

Ainda dou boas risadas de minhas travessuras, como aquele dia em que você acordou e eu tinha cortado seus cabelos enquanto dormia, ou aquele outro, quando acordei mais cedo e espalhei manteiga por todas as paredes da nossa casa. Fico muito emocionado quando ainda você beija minhas fotos e fica longo tempo falando. Como pode saber que atrás daquela foto sou eu mesmo que ouço?

Ah! Que saudades tenho quando podia dormir de mãos dadas com você. Eu era tão frágil e pequeno, e quando olhava para você sentia proteção e carinho e uma doação sem tamanho, porque seu amor era e continua sendo imensurável para comigo. Naquela época pouco eu sabia da vida, e esses atos aparentemente sem importância foram os que mais me fizeram falta. Fico feliz porque, apesar de tudo, você conseguiu amar com a mesma intensidade essas crianças que agora ocupam meu lugar em sua cama, mas que seu amor por mim a cada dia que passa fica diferente, porque amamos sempre diferentemente, e isso é que importa para nosso Pai. O amor universal é esse que sente agora, e é o que realmente é importante para Ele. Para todos nós.

Vejo minhas fotografias espalhadas em seu quarto, onde pareço o dono do mundo. Todas as noites recebo os beijos que você manda e não posso deixar de achar graça. Ouço também suas preces. Seus chamados para que eu vá buscá-la, quando sente que suas forças estão acabando, mas Deus envia a dor somente para que dela se possa fazer proveito. Coragem, apesar de tudo. Fé, apesar de tudo. No final tudo será esquecido.

Nascemos sós e voltamos sós. Nada trazemos ao mundo paralelo a não ser nossas lembranças, nossas virtudes.

Mãe, fica com Deus e até um dia, quando estaremos novamente juntos. Obrigado por aqueles anos de carinho, amizade, dedicação. Obrigado por seu colo e seus beijos. Lembranças infinitas e eternas, fundamentais para eu ser o que sou hoje.

Seu filho William

O tempo aqui é o mesmo. A natureza resplandece todo sentimento de amor que Deus envia a seus filhos. O azul, o verde, o amarelo são as cores mais vistas por aqui. A atmosfera transpira alegria. Como descrever o mundo paralelo? Que é aqui em cima? O que é aqui do lado? Falei das boas coisas que convivem conosco durante todo o instante. Falei que somos realmente todos irmãos.

Alertei para que todos sejam e doem o melhor de si para quem precisa ou até para aqueles que parecem não merecer. Pedi para que não haja preconceito ou falta de respeito para com ninguém. Aprendi que um coração caridoso e generoso é o melhor presente que podemos levar para a Terra e trazer de volta para cá. Quero que todos possam sair vitoriosos de suas múltiplas expectativas, que todos os dias possam ser realmente vividos em prol de algo bem maior e melhor. Quero que os dias de desgaste possam ser curtos e os momentos de felicidade possam ser longos e vagarosos. Espero juntamente com tantos outros irmãos espirituais que possamos juntos caminhar lado a lado, sempre atentos ao menor sinal de que a qualquer momento podemos dar o melhor para nossos irmãos, que ainda não acordaram para esta grande verdade, que é a doutrina espírita. Quantas manifestações extra-sensoriais ou de paranormalidade são rapidamente atacadas de todas as formas, mas que estão diretamente ligadas a nossa verdadeira vida, que é a espiritual. Vidência, clarividência, levitação, telecinesia, psicografia, emissão de ectoplasma, etc. São conseqüências e formas da espiritualidade mais evidentes e sensíveis de certos seres especiais. Quando são banidas, quase sempre interrompem um processo legal que serviria de benefício comum.

Sabemos ainda que os espíritos, por causa das diferentes etapas de suas existências e experiências, quase sempre não podem exprimir seus conhecimentos para a humanidade faminta de verdade. Podem, no entanto, decifrar alguns segredos mais óbvios do ponto de vista humano. Temos um grande controle sobre nossos sentimentos e emoções e, às vezes, não nos permitem falar mais do que determinadas pessoas estão prontas para escutar. Se as experiências descritas são parecidas entre si, de alguma forma, é porque outras tantas ainda não podem ser conhecidas, para o bem daqueles que ainda devem continuar sem esse conhecimento. Isso porque descobrir esse véu faria mais mal do que bem. Muitas vezes Deus vai parecer um ser hostil e vingativo. E não é verdade, como não o é que o espiritismo é uma desculpa para tanto sofrimento na Terra. O espiritismo é sim um bálsamo para nossas vidas, e quem dele fizer sua verdade viverá tempos melhores, de grandes descobertas, que facilitarão seus caminhos e seus objetivos.

Hoje espero a visita de Manu. Faz algum tempo que ele não aparece por aqui. Diz que o trabalho ocupa todo o seu tempo, mas que muito tem se lembrado daqui onde ainda estou. Meus *bisas* continuam por aqui também, assim como a *nona* Paula. Não me parece que ainda possam voltar a viver na Terra. Estão se recuperando, dizem, dando risadas, referindo-se às suas últimas vidas, que foram bem difíceis. Aos poucos chegam aqui muitos amigos, conhecidos, espíritos simpáticos e parentes que tivemos. É uma surpresa atrás da outra. Aqui ficamos felizes, embora saibamos o sofrimento daqueles que permanecem ainda. E, quando algum deles precisa voltar, nós sentimos tristeza, porque sabemos que lá embaixo o negócio é brabo! Como dizia Manu.

CIDADE DE SANTOS

Editor Responsável: João Moreira de Sampaio Neto

Menor cai do 12º andar, em SV

O menor William Maganha Jordão, de 6 anos de idade, teve morte trágica na madrugada de ontem ao cair do 12.º andar do edifício 228 da rua da Constituição, em São Vicente. Com pais separados, o menino morava em São Paulo com a mãe, mas estava passando o fim-de-semana com seu genitor

CIDADE DE SANTOS

Editor Responsável: João Moreira de Sampaio Neto

SV: menor despenca do 12º andar

O menor William Maganha Jordão, de apenas 6 anos de idade, morreu tragicamente na madrugada de ontem ao cair do 12.º andar do edifício 228 da rua da Constituição, em São Vicente. O fato ocorreu por volta das 2 horas, sendo apurado pelos componentes da RP-627 que atenderam a ocorrência, que o menor havia sido deixado sozinho no apartamento por seu genitor [redacted] que reside no local com a companheira [redacted]. Ficou apurado também que o menor reside em São Paulo, com a sua mãe Neide Faria Maganha Jordão, uma vez que o casal está separado há pouco tempo. Durante os fins de semana, o pai ficava com a guarda do menor e o trazia para São Vicente.

SAIU E DEIXOU MENOR SOZINHO

Ficou apurado ainda pela polícia, que tanto o pai da criança quanto sua amásia, saíram durante a noite, abandonando o menor sozinho. Eles retornaram as 2h30 e depararam com a criança morta no solo. Ao acordar e se ver sozinho, a criança foi até ao parapeito do apartamento, onde acabou caindo. Ao local compareceu o delegado Odivaldo Antonio Bevilacqua de plantão na delegacia de São Vicente e peritos do Instituto de Criminalística. O corpo do menor foi encaminhado ao Instituto de Perícias Medico-Legais (IPML), para ser necropsiado. O caso está registrado no boletim de ocorrência número 1.174/84 da delegacia de São Vicente, por onde vai ser instaurado inquérito para apurar responsabilidades.

Leitura Recomendada

NO VALE DOS SUICIDAS

Quando todas as esperanças parecem perdidas, é aí que aparece a mão salvadora do Criador

Evaristo Humberto de Araújo

Um livro impressionante que traz fatos nunca antes revelados, nem mesmo no grande sucesso Memórias de um Suicida. Em um cenário de caos e dor, o leitor irá acompanhar o desespero de Márcio, um espírito suicida. Arrependido e sem encontrar uma saída, uma nova oportunidade lhe é finalmente oferecida.

A LEI DO RETORNO

Os Anjos Também Choram

Melissa Gimenes Costa

A fascinante questão da redenção de culpas de vidas passadas, a compensação que devemos a certas criaturas por males que lhes causamos em vidas passadas. Este livro nos ensina a encarar a vida com elevação e leveza. Um aprendizado incessante que nos renova e purifica, fazendo-nos mergulhar em nossos sentimentos mais profundos, que nem sempre conhecemos completamente.

OS SEGREDOS DE UM CORAÇÃO

Nada Separa duas Almas que se Amam

Adreie Bakri

Os Segredos de um Coração, como é a tônica do espírito Francisco, que já nos trouxe os belíssimos romances *Enfim Juntos* e *Laços de Amor*, é a história de um amor verdadeiro em que os personagens superam as barreiras da distância, sabem aproveitar as oportunidades que lhes são concedidas pelo Pai Celestial e comprovam, perante todos, que o amor é essencial e capaz de unir vidas por toda a eternidade

---

O PROTETOR DA VIDA

Viver a Vida: Um Ato de Fé

Rubens Saraceni

Este é um romance para ser lido com o coração; é uma obra que toca profundamente quem a lê, que mexe com sentimentos íntimos e profundos, que traz à tona uma emoção sincera, verdadeira, capaz de levar às lágrimas.